重庆工商大学马克思主义学院马克思主义理论经费资助

Theoretical Research and
Practical Exploration of
Supply-side Structural Reform

冉梨 著

供给侧
结构性改革
理论研究
与实践探索

中国社会科学出版社

图书在版编目(CIP)数据

供给侧结构性改革理论研究与实践探索/冉梨著. —北京：中国社会科学出版社，2023.8
ISBN 978-7-5227-2568-0

Ⅰ.①供… Ⅱ.①冉… Ⅲ.①中国经济—经济改革—研究 Ⅳ.①F12

中国国家版本馆 CIP 数据核字（2023）第 162826 号

出 版 人	赵剑英
责任编辑	王 曦
责任校对	闫 萃
责任印制	戴 宽

出　　版	中国社会科学出版社
社　　址	北京鼓楼西大街甲 158 号
邮　　编	100720
网　　址	http://www.csspw.cn
发 行 部	010-84083685
门 市 部	010-84029450
经　　销	新华书店及其他书店

印刷装订	北京君升印刷有限公司
版　　次	2023 年 8 月第 1 版
印　　次	2023 年 8 月第 1 次印刷

开　　本	710×1000　1/16
印　　张	12.75
插　　页	2
字　　数	200 千字
定　　价	69.00 元

凡购买中国社会科学出版社图书，如有质量问题请与本社营销中心联系调换
电话：010-84083683
版权所有　侵权必究

摘　　要

供给和需求问题是影响一国经济发展的重要问题。在市场经济条件下，由于市场供需主体之间信息的不对称和产业结构的非均衡，经济发展中供需失衡成为常态。党的十一届三中全会以来，在"坚持以经济建设为中心，坚持改革开放"这一根本发展战略的指导下，中国经济迅速发展，社会生产力水平大幅度提高。经济的长期超高速增长开始导致供给和需求出现结构性失衡，长期稳定的发展目标受到影响。特别是2008年国际金融危机爆发以后，国际经济发展放缓，经济形势变化莫测，全球经济的动荡增加了出口贸易的不确定性，外部需求进一步下降；同时国内供给与需求矛盾日趋显现，结构差异化严重，高收入人群消费倾向逐年降低，中低收入人群购买力严重不足，国内消费需求外溢，经济增长动力不足，增长乏力。2014年，习近平总书记提出，中国经济发展已进入"新常态"。这一情况反映出中国经济结构正在发生变化，同时也将给中国发展带来新的机遇和挑战，原有的经济政策可能会对经济产生负面影响，迫切需要从新角度和新视野进行经济体制改革，供给侧结构性改革正是在这一背景下应运而生。

从2015年起，供给侧结构性改革在中央经济工作会议上经常被强调和要求。党的十九大报告对当前时代的发展阶段作出了"中国特色社会主义进入新时代"的重要论断，我国社会主要矛盾已经转化为人民日益增长的美好生活需要和不平衡不充分的发展之间的矛盾。实质上，此矛盾正是人的需求和社会的供给之间的矛盾。社会主要矛盾发生的新变化，对供给侧结构性改革提出了更高的要求。作为马克思主义政治经济学的发展与创新，供给侧结构性改革影响着中国经济社会发展的改革实践和制度创新。

2020年突发的新冠疫情，对全球经济发展带来巨大的冲击。在经济发展态势多变、疫情防控常态化的背景下，习近平总书记强调必须统筹国际国内两个大局，深刻分析当前的机遇与挑战，推进供给侧结构性改革的不断深化，把现有内需潜力和超大市场规模优势尽可能地释放出来，构建以国内大循环为主体、国内国际双循环相互促进的新发展格局；紧紧扭住供给侧结构性改革这条主线，注重需求侧管理，打通堵点，补齐短板，贯通生产、分配、流通、消费各环节，形成需求牵引供给、供给创造需求的更高水平动态平衡，提升国民经济体系整体效能。党的二十大报告指出，我们要坚持以推动高质量发展为主题，把实施扩大内需战略同深化供给侧结构性改革有机结合起来，增强国内大循环内生动力和可靠性，提升国际循环质量和水平，加快建设现代化经济体系。

改革的施行需要理论依据，众多学者尝试从不同理论里找寻供给侧结构性改革的理论根本。本书在马克思主义政治经济学指导下，结合中国特色社会主义政治经济学，特别是习近平经济思想，对供给侧结构性改革的理论特色和理论创新、供给侧结构性改革的实践效果和改革政策进行全方位分析和探讨。

首先，通过梳理西方供给思想的发展脉络，得出供给学派的理论不是供给侧结构性改革的指导理论，供给经济学相关理论只能作为供给侧结构性改革的参考理论这一重要结论。在西方经济发展史中，重农学派弗朗斯瓦·魁奈"供给在生产中的重要作用"的论述，使供给思想有了最初萌芽；从威廉·配第到亚当·斯密，古典经济学时期供给思想开始了缓慢发展；让·巴蒂斯特·萨伊和詹姆斯·穆勒对古典经济学中有关供给和需求的论述进行了总结和拓展，确立了萨伊定律；20世纪70年代强调需求、刺激消费的凯恩斯理论无法解决经济危机所带来的"滞胀"现象，强调供给和生产的供给经济学重回历史舞台。而供给侧结构性改革的制度背景与供给学派完全不一样。供给侧结构性改革是以中国特色社会主义市场经济体制作为制度背景，坚持以满足人民对美好生活需要为社会主义生产的根本目的，公有制的主体地位、按劳分配为主体的分配方式、新发展理念、"有效市场"和"有为政府"的优势、扩大开放、构建人类命运共同体和党对经济工作的领导等都是中国特色社会主义市场经济的特点和优势，这都说明了我们不能照搬供给学派的供给侧改革。但供给学派的改革措施可以为供给侧结构性改革提供政策借鉴。通过调动个人和企业的积极性来促进供给的增加，通过减税和减少政府干预、重建市场机制建设，恢复企业家精神，促进经济增长等，这些供给侧改革的具体措施对供给侧结构性改革都有一定的启示。

从马克思主义角度出发，运用历史唯物主义和辩证唯物主义的方法分析"生产力与生产关系""社会存在与社会意识"之间的关系，并通过马克思主义政治经济学社会再生产理论中两大部类均衡及失衡，充分阐述了供给和需求结构性平衡的重要性。此外，从马克思的平衡、失衡、有计划调控的逻辑顺序，阐述了市场经济条件下，如何进行资源配置以解决供需的失衡问题。改革开放后推行的经济政策，是对中国特色社会主义政治经济学的具体实践。梳理此阶段的经济政策和重要理论，对认识和分析社会主义生产的最终目标、发展方式与发展目的有着深刻意义。通过分析相关理论发现，供给侧结构性改革的实施，既需要通过发展生产力提升有效供给，推动经济高质量发展，实现经济增长由量向质的转变；也需要通过改革生产关系，从收入分配制度出发，建立更合理的产业结构和分工体系，发展生产型服务业，实施创新驱动的发展方式，完善和健全社会保障制度，完善公共服务体系，保障中低收入者能够公平享受社会成果。

其次，通过对比分析美日英三国供给侧改革的背景、政策和改革结果，论证美日英三国供给侧改革无论从理论来源、具体政策和对社会所产生的影响，与供给侧结构性改革都不一样，但能为推行供给侧结构性改革带来一定的启示。

再次,通过以上理论分析,总结了供给侧结构性改革的理论特色和理论创新。其理论特色主要表现在以下方面:历史唯物主义的逻辑是供给侧结构性改革的理论逻辑,即社会存在决定社会意识是供给侧结构性改革的逻辑起点,供给侧结构性改革是为适应这个阶段生产力发展而提出的生产关系的变革,人的自由全面发展是供给侧结构性改革的落脚点。供给侧结构性改革的理论基础是马克思主义政治经济学、中国特色社会主义政治经济学和习近平经济思想。习近平经济思想对供给侧结构性改革具有重要指导作用。其理论创新主要表现在:供给侧结构性改革的理论是对马克思主义政治经济学的继承和发展,供给侧结构性改革的理论具有鲜明的中国实践特色,供给侧结构性改革的理论是中国特色社会主义政治经济学的新篇章。

最后,通过梳理归纳供给侧结构性改革理论的实践效果和改革政策,从具体实施层面出发,以问题为导向,对实践成效进行分析。2015年供给侧结构性改革的提出,截至目前已进行了近八年的改革与实践。通过分析历年供给侧结构性改革的任务和效果、所取得的成效,充分证明了推进供给侧结构性改革的决策是完全正确的,是贯彻新发展理念、改善供给结构的根本之策,是破解经济内部深层次问题、迈向高质量发展的必然要求。

目　录

第一章　供给侧结构性改革相关概念的梳理与回顾 …………（1）
　一　供给与需求 ……………………………………………（1）
　二　供给侧与需求侧 ………………………………………（4）
　三　结构性改革 ……………………………………………（7）
　四　供给侧结构性改革 ……………………………………（7）
　五　供给侧结构性改革研究的背景和意义 ……………（10）
　六　国内外研究现状及评述 ……………………………（15）

第二章　供给侧结构性改革的理论与西方供给思想 ………（32）
　一　供给思想的理论起源与逻辑 ………………………（33）
　二　供给学派的主要理论 ………………………………（45）
　三　供给学派的现实讨论 ………………………………（52）

第三章　供给侧结构性改革的理论与马克思的供给和需求理论 ……（56）
　一　马克思供求关系的理论基础 ………………………（56）
　二　马克思供给和需求理论的基本观点 ………………（65）
　三　供给侧结构性改革理论与马克思供给和需求
　　　理论的关系 …………………………………………（71）

第四章　供给侧结构性改革的理论与改革开放以来的经济实践和经济理论 …………………………………… (75)
  一　改革开放以来的主要经济理论 ………………………… (76)
  二　供给侧结构性改革理论与改革开放以来其他经济实践和经济理论的关系 ……………………………… (82)

第五章　其他国家供给侧改革的背景与实践效果及其对中国的启示 …………………………………………… (84)
  一　美国的供给侧改革 ……………………………………… (84)
  二　日本的供给侧改革 ……………………………………… (91)
  三　英国的供给侧改革 ……………………………………… (96)
  四　其他国家供给侧改革对中国的经验教训和启示 ……… (98)

第六章　供给侧结构性改革的理论特色 ………………………… (101)
  一　历史唯物主义的逻辑是供给侧结构性改革的理论逻辑 ………………………………………………… (101)
  二　供给侧结构性改革的理论基础 ………………………… (105)
  三　习近平经济思想对供给侧结构性改革的指导作用 …… (112)

第七章　供给侧结构性改革的理论创新 ………………………… (116)
  一　供给侧结构性改革理论是马克思主义政治经济学的继承和发展 ……………………………………………… (117)
  二　供给侧结构性改革理论具有鲜明的中国实践的特色 ………………………………………………… (119)
  三　供给侧结构性改革理论是中国特色社会主义政治经济学的新篇章 ……………………………………… (123)

第八章　供给侧结构性改革的实践背景、实质内容与核心问题 …… (127)
  一　供给侧结构性改革的实践背景 ………………………… (127)

二　供给侧结构性改革的实质内容 …………………… （129）
　　三　供给侧结构性改革的核心问题 …………………… （136）

第九章　供给侧结构性改革实践情况 ………………………… （141）
　　一　供给侧结构性改革施行至今历年的目标与任务 ……… （141）
　　二　当前供给侧结构性改革的实践成效 ……………… （146）

第十章　构建双循环新发展格局与供给侧结构性改革 ………… （154）
　　一　双循环新发展格局的内涵 ………………………… （154）
　　二　加快构建双循环新发展格局的着力点 …………… （157）
　　三　畅通供需循环需要进一步深化供给侧结构性改革 …… （165）

第十一章　深化供给侧结构性改革为主线的几点思考 ………… （172）
　　一　供给侧结构性改革与宏观动力 …………………… （172）
　　二　供给侧结构性改革与中观产业 …………………… （175）
　　三　供给侧结构性改革与微观企业 …………………… （181）

主要参考文献 ……………………………………………………… （183）

第一章 供给侧结构性改革相关概念的梳理与回顾

综观经济学的发展，从古典经济学中的供给思想、供给学派的供给经济学、马克思有关供给需求理论到当前的供给侧结构性改革，对供给和需求的研究已经持续了几百年。掌握其中关键词的概念和内涵是认识供给侧结构性改革的重点，梳理国内外学界对相关理论和思想研究也显得尤为重要。

一 供给与需求

供给和需求作为经济学研究的基本问题，一直以来贯穿经济学的发展。在西方经济学思想中，需求（Demand）是指消费者在一定时期内的各种可能的价格下愿意而且能够购买的该商品的数量[①]，是购买欲望和支付能力的统一，是消费者有购买欲望且有能力的购买。在需求曲线中，需求与商品价格呈反方向变动，并且需求受到价格（商品本身和相关商品）、消费者（社会的收入与分配制度、自我偏好、未来预期等）和政府（政策）三个方面的影响。而供给（Supply）指的是生产者在一定时期内在各种可能的价格下愿意而且能够提

---

① 参见高鸿业《西方经济学（微观部分）》（第六版），中国人民大学出版社2014年版，第11页。

供出售的该商品的数量①。根据定义,供给是购买欲望和购买能力的统一,愿意购买和能够购买两个条件缺一不可,否则无法形成供给。而影响供给的因素,也是从价格(商品本身和相关商品)、生产者(厂商自我、生产要素、生产技术等)和政府(政策)三个角度进行考察。

我们重点探讨的是马克思关于供给和需求的概念定义,其主要集中在马克思和恩格斯的经典著作中。马克思说道,"要给需求和供给这两个概念下一般的定义,真正的困难在于,它们好象只是同义反复"②。所谓供给,"是处在市场上的产品,或者能提供给市场的产品……不仅是满足人类需要的使用价值,而且这种使用价值还以一定的量出现在市场上。其次,这个商品量还有一定的市场价值,这个市场价值可以表现为单位商品的或单位商品量的市场价值的倍数"③。所以,供给是生产者为市场提供的、有着使用价值存在的产品,它是某种商品的生产者或卖者的总和。而需求是能够实现交换价值的、有着支付能力的需求,这里的需求是不同于一般的需要,是具有支付能力的需要,且可实现交换价值。"市场上出现的对商品的需要,即需求,和实际的社会需求之间存在着数量上的差别,这种差别的界限,对不同的商品说来当然是极不相同的"④。

而当"商品被买来当作生产资料或生活资料,以便进入生产消费或个人消费,——即使有些商品能达到这两个目的,也不会引起任何变化。因此,生产者(这里指的是资本家,因为假定生产资料已经转化为资本)和消费者都对商品有需求"⑤,由此,我们发现,在需求方面,如果存在一定的社会需要,那么在供给方面,也必然相应需要生

---

① 参见高鸿业《西方经济学(微观部分)》(第六版),中国人民大学出版社2014年版,第13页。
② 《马克思恩格斯全集》第25卷,人民出版社1974年版,第208页。
③ 《马克思恩格斯全集》第25卷,人民出版社1974年版,第208页。
④ 《马克思恩格斯全集》第25卷,人民出版社1974年版,第211页。
⑤ 《马克思恩格斯全集》第25卷,人民出版社1974年版,第210页。

产部门进行生产，以满足其需要，这就是供需的平衡。但是从量的规定性来说，这种需要具有很大的伸缩性和变动性。"如果生活资料便宜了或者货币工资提高了，工人就会购买更多的生活资料，对这些商品就会产生更大的'社会需要'"①。而市场上对商品的社会需要（需求）与实际的社会需求出现数量上的差别时，就会出现供求之间的不平衡。此时，我们就需要对市场进行调节，至于是市场的自我调节还是政府的宏观调控，都要从实际角度出发，讨论到底采取什么样的措施。

通过梳理马克思的研究可以发现：在某一时间点上，供求始终是无法一致的；哪怕是达到一致，那也只是偶发现象；因此，由科学的角度分析，此种概率近乎为零，所以可把此事情看作不可能发生的。但从经济发展的一个长的时期看，供求始终是一致的，只是反映为过去变动的平均是一致的，且此种一致是动态变动的供求矛盾造成的结果。同时，供求的不平衡主要体现在市场价格同市场价值的偏离上。"如果需求减少，因而市场价格降低，结果，资本就会被抽走，这样，供给就会减少。……反之，如果需求增加，因而市场价格高于市场价值，结果，流入这个生产部门的资本就会过多，生产就会增加到如此程度，甚至使市场价格降低到市场价值以下；或者另一方面，这也可以引起价格上涨，以致需求本身减少"②。因此，我们会发现，价格决定供求关系，同时供求关系又会影响价格。需求决定供给，供给也会对需求产生影响。所以，需求是前文提及的此种商品的消费者（涵盖有生产消费、个人消费）或买者的总和。卖者或生产者的总和与买者或消费者的总和是统一体，集合力量来对社会发生作用。所以在我们所谈的供给侧结构性改革中，并不是说只看重供给这一角度，也是需要与需求侧进行配合和调整的。

此外，供给和需求是以价值的转化为市场价值（使用价值）作为

---

① 《马克思恩格斯全集》第25卷，人民出版社1974年版，第210页。
② 《马克思恩格斯全集》第25卷，人民出版社1974年版，第213页。

前提的。马克思谈道,"供求还以不同的阶级和阶层的存在为前提,这些阶级和阶层在自己中间分配社会的总收入,把它当作收入来消费,因此形成那种由收入形成的需求;另一方面,为了理解那种由生产者自身互相形成的供求,就需要弄清资本主义生产过程的全貌"①。因此,如果供求关系的存在,是以资本主义生产关系为前提的,那么此种关系,就不是单纯的商品买卖关系。更深层次来讲,供求关系是会以不同的阶级和阶层的存在为前提的,将体现为人与人之间的社会关系以及经济制度等历史范畴。

当然,供给和需求除了体现商品与货币之间的关系、买方与卖方的关系外,还会体现出生产者与消费者的关系、使用价值和交换价值的关系,即物品转移的关系和人与人之间的关系。商品与货币是商品和一般等价物,是具体劳动和抽象劳动;人与人是买方与卖方、生产者与消费者。因此,供给和需求不仅反映了商品物质形态,还探究了社会关系和经济制度。

二 供给侧与需求侧

2013年,我国经济进入增速换挡期、结构调整阵痛期和前期刺激政策消化期的"三期叠加"阶段,这个时期的经济发展和经济政策就和过去不一样;2014年,习近平总书记提出我国经济发展进入"新常态",这个阶段有别于过去三十多年经济高速增长的阶段,是相对稳定且不可逆的阶段。2015年,习近平总书记强调,"在适度扩大总需求的同时,着力加强供给侧结构性改革,着力提高供给体系质量和效率"②,"供给侧"第一次进入了公众的视野。

所谓供给侧(Supply Side),指供给方面或供给一端,供给侧改革也就是从供给一端,即影响供给的因素着手进行改革。而与之相对应

---

① 《马克思恩格斯全集》第25卷,人民出版社1974年版,第217—218页。
② 《习近平关于社会主义经济建设论述摘编》,中央文献出版社2017年版,第87页。

的是需求侧。投资、消费、出口三方面都是从需求侧出发，影响短期经济的增长率；劳动力、土地、资本、创新四方面则是从供给侧出发，在充分配置的条件下能够实现经济的中长期增长，提高中长期增长率。传统经济学中消费、投资和出口，一直是拉动各国经济增长的主要因素。但从2008年在应对国际金融危机时，美国在宏观调控领域采取的"供给管理"措施，到中国进入经济新常态，进行全面深化改革并加快推进经济结构调整，我们发现，将需求侧的"三驾马车"直接定义为经济增长的动力，这一观点并不全面，经济发展的动力还需从供给侧入手，进行结构性调整。而供给侧的核心要素——劳动力、土地、资本和技术创新等，这些要素在促进经济增长方面持久力更明显。因此，需要供给侧和需求侧一起发力，共同促进经济的增长（见图1-1）。

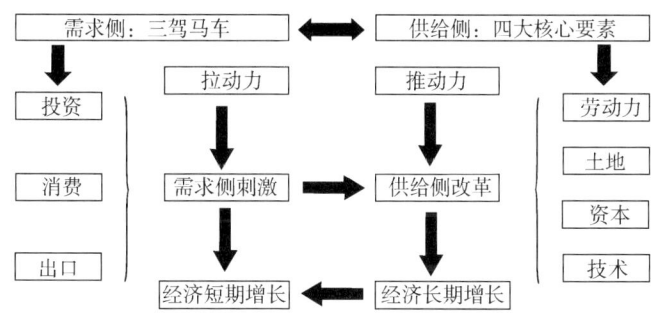

图1-1 需求侧与供给侧共同促进经济增长的机制体现

供给侧结构性改革，重视供给侧，但不否定需求侧，两者相辅相成。基于前文对供给和需求的分析，我们发现：社会前进的动力，需求是源泉，有了需求才会促进人类从事满足需求的经济活动，也就是供给；经济的发展，也正是有效供给不断地满足有效需求。通过贾康等学者分析，不同时代，供给侧方面因素成为拉动生产力、生产关系和社会文明程度的重要力量。具体如表1-1所示。

表1–1　　　　　　　　从供给侧角度看人类社会发展①

序号	时代划分	供给侧特征 生产力（经济基础）的突破	制度特征 生产关系（上层建筑）的突破
1	旧石器时代	使用打制石器	在洞穴中群居（简单分工，采集、狩猎等组织）
2	新石器时代	使用磨制石器（发明了陶器，出现了原始农业、畜牧业和手工业）	氏族公社（组织中增加了农耕）
3	青铜器时代	出现青铜冶炼业（犁铧、兵器）	国家出现（奴隶制）
4	铁器时代	开始使用铁质工具和武器	奴隶社会快速瓦解，封建制在欧洲开始成为主流，中国出现皇权制
5	蒸汽时代	广泛使用机器（蒸汽机为代表），手工劳动被机器和工厂替代	工业革命爆发，资本主义社会快速发展（资产阶级和无产阶级对立，自由主义思潮兴起，资本主义国家开始殖民扩张和掠夺，封建皇权帝制在中国结束）
6	电气时代	广泛应用电气（电气化），钢铁、化工、汽车等工业迅速发展，石油成为最重要的能源之一	社会主义开始发展，资本主义内部结构调整
7	信息时代	开始广泛应用计算机技术，人工智能飞速发展	社会主义改革转轨，资本主义继续调整（国家内部结构不断变化，全球化进程进一步加快），"人类命运共同体"提出

通过表1–1我们发现，需求侧的"原动力"是需要与供给侧适应并配合。人类的需求是无限的，推动人类社会不断发展的，不仅有需求，还应当有供给（或有效供给）对需求的回应和引导。从源头上讲，经济发展的停滞不仅是需求所引起的不足，还应包括供给（特别是有效供给）的不足。因此，在分析经济增长的影响因素时既不能只看供给侧，也不能只看需求侧，必须同时着手，只是看具体实践中更

---

① 贾康：《供给侧改革——新供给简明读本》，中信出版社2016年版，第26—27页。

侧重于哪一方而已。

三 结构性改革

所谓结构性改革，是指针对结构性问题进行的改革。这里的结构性问题，一方面，要搞清楚改革所涉及的领域和思路，同时要明确先改什么后改什么，分清主次，保证改革的平稳有序；另一方面，结构性问题并不是单独存在的，内部关系错综复杂，矛盾叠加，因此需要对症下药，逐步化解。过去几十年的经济发展，主要依靠的是消费、投资、出口"三驾马车"，通过制定具体的宏观调控政策，如积极的财政政策、稳健的货币政策等，稳定和促进经济的增长。但随着国际形势的变化、国内需求与供给的矛盾产生，以凯恩斯式的"需求管理政策"为主导的宏观调控政策的边际效应作用递减，我们开始反思，调控似乎并没有从实质上解决问题。通过分析，经济周期性问题并不是引发当前经济出现中低速增长的主要原因，而应当是结构性问题。这些结构性问题主要表现在产业结构不合理、区域结构不平衡、要素投入结构不合理、经济增长动力结构不完善、收入分配结构有矛盾等方面。且这些问题既相对独立，又相互叠加，需要结构性改革一一解决。[①] 因此也就表现为产业结构、区域结构、要素投入结构、经济增长动力结构和收入分配结构等各方面的改革。

四 供给侧结构性改革

2015年11月，习近平总书记在中央财经领导小组第十一次会议上指出"着力加强供给侧结构性改革……推动我国社会生产力水平实

[①] 《结构性改革：改什么 怎么改——访国务院发展研究中心资源与环境研究所副所长李佐军》，《经济日报》2015年11月23日。

现整体跃升"①；2017 年，在党的十九大报告中强调"必须坚持质量第一、效益优先，以供给侧结构性改革为主线，推动经济发展质量变革、效率变革、动力变革，提高全要素生产率"②，并将"推进供给侧结构性改革"正式写入党章；2019 年 3 月，《政府工作报告》指出，"深化供给侧结构性改革，实体经济活力不断释放"，供给侧结构性改革有了实质性效果。党的二十大报告指出，十年来，"我们提出并贯彻新发展理念，着力推进高质量发展，推动构建新发展格局，实施供给侧结构性改革，制定一系列具有全局性意义的区域重大战略，我国经济实力实现历史性跃升"③。通过分析供给侧结构性改革的发展历程，我们梳理了供给侧结构性改革的具体措施和实施效果，也认识到推行供给侧结构性改革所面临的机遇和挑战。

供给侧结构性改革是从供给侧角度出发，重在解决结构性问题，通过改革的手段，调整产业结构，优化要素配置，推进体制机制创新，充分调动各类经济主体发展积极性，激发增长活力，使社会生产的有效供给与人民群众多样化的需求相匹配，更好地解决人民日益增长的美好生活需要和不平衡不充分的发展之间的矛盾。

关于供给侧结构性改革的重点与目标，主要表现在：进一步解放和发展社会生产力，用改革的办法推进结构调整，减少无效和低端供给，扩大有效和中高端供给，增强供给结构对需求变化的适应性和灵活性，着力提高全要素生产率。通过深化供给侧结构性改革，优化存量资源配置，扩大优质增量供给，不断让新的需求催生新的供给，让新的供给创造新的需求，从而实现更高水平和更高质量的供需动态平衡④。这和西方经济学中供给学派以"税收和税率"推动经济发展的

---

① 《习近平关于社会主义经济建设论述摘编》，中央文献出版社 2017 年版，第 87 页。
② 习近平：《论把握新发展阶段、贯彻新发展理念、构建新发展格局》，中央文献出版社 2021 年版，第 193 页。
③ 习近平：《习近平著作选读》（第一卷），人民出版社 2023 年版，第 7 页。
④ 《中央经济工作会议部署明年经济工作：五大政策推进供给侧改革》，人民网，http://finance.people.com.cn/n1/2015/1222/c1004 - 27958807.html，2015 年 12 月 22 日。

理念是不一致的。供给侧结构性改革,以需求与供给的辩证关系为重点,在实现推动生产力发展的同时,也对生产关系进行调整和完善,在资源配置中把市场具有的决定性作用释放出来,同时让政府的作用更好地发挥,在推动经济发展时既立足当前也着眼长远,保证经济的可持续增长。

关于供给侧结构性改革的抓手与措施,《中华人民共和国国民经济和社会发展第十四个五年规划和2035年远景目标纲要》第四篇提出,要"坚持扩大内需这个战略基点,加快培育完整内需体系,把实施扩大内需战略同深化供给侧结构性改革有机结合起来"。作为新发展格局下,贯彻新发展理念、实现经济高质量发展的有力抓手,供给侧结构性改革是长远的,也是系统性的。2015年,党中央提出实施供给侧结构性改革,明确去产能、去库存、去杠杆、降成本、补短板五大重点任务,通过大力推动"破、立、降",使供需结构失衡得到矫正,通货紧缩趋向得到遏制,不仅提振了我国经济增长信心,也促进了全球经济复苏。2018年,党中央进一步提出深化供给侧结构性改革的"巩固、增强、提升、畅通"八字方针,要求更多采取改革办法,运用市场化、法治化手段,着力增强微观主体活力,提升产业链水平,推动金融和实体经济、房地产和实体经济等深层次关系调整优化。当前,世界百年未有之大变局加速演进,新冠疫情影响深远,世界经济复苏乏力,通胀水平居高不下,主要发达经济体大幅调整宏观政策,国际需求可能进一步波动收缩。全球产业分工体系和区域布局正在发生广泛深刻调整,能源资源等供应稳定性下降,全球经济原有供需循环受到干扰甚至被阻断。针对这种新形势,2020年以来,党中央提出要加快构建以国内大循环为主体、国内国际双循环相互促进的新发展格局,把国家和民族发展放在自己力量的基点上,要求我们统筹谋划扩大内需和优化供给,充分发挥超大规模市场优势,提升供给体系对国内需求适配性,打通经济循环卡点堵点,推动供需良性互动,在实现自身高质量发展的同时为世界经济增长注入新动力。

五 供给侧结构性改革研究的背景和意义

(一) 研究背景

供给和需求问题是影响一国经济发展的重要问题。在市场经济条件下,由于市场供需主体之间信息的不对称和产业结构的非均衡,使经济发展中供需失衡成为一种常态。党的十一届三中全会以来,在"坚持以经济建设为中心,坚持改革开放"这一发展战略的指导下,中国经济迅速发展,社会生产力水平大幅提高。但经济高速增长的同时,出现了供给和需求结构失衡,长期稳定的发展目标受到影响。特别是2008年国际金融危机爆发以来,全球经济发展放缓,经济形势变幻莫测。国际贸易关系的复杂性使得出口的不确定性大大增加,外部需求急剧下降,出口额萎缩,投资边际收益减少;同时国内供给与需求矛盾日趋显现,结构差异化严重,高收入人群消费倾向逐年降低,中低收入人群购买力严重不足,国内消费需求外溢,经济增长动力不足,增长乏力。习近平总书记在2014年指出,中国经济的发展已进入"新常态"[1],这个"新常态"意味着中国经济结构正在发生变化;同时也给中国经济发展带来新的机遇和挑战,迫切需要从新角度和新视野进行经济改革。供给侧结构性改革正是在这一背景下应运而生。党的十九大报告对当前时代的发展阶段作出了"中国特色社会主义进入新时代"的重要论断,并指出当前社会主要矛盾已经转变为人民日益增长的美好生活需要和不平衡不充分的发展之间的矛盾[2],而这一矛盾的实质正是人们的需求和社会的供给之间的矛盾。社会主要矛盾发生的新变化,对供给侧结构性改革提出了更高的要求。

---

[1] "新常态"一词是习近平总书记在2014年5月考察河南的行程中提出的。原文为"我国发展仍处于重要战略机遇期,我们要增强信心,从当前我国经济发展的阶段性特征出发,适应新常态,保持战略上的平常心态。"(《人民日报》2014年5月11日)

[2] 习近平:《决胜全面建成小康社会 夺取新时代中国特色社会主义伟大胜利——在中国共产党第十九次全国代表大会上的报告》,人民出版社2017年版,第10—11页。

2015年，习近平总书记强调"着力加强供给侧结构性改革"[①]；同年的中央经济工作会议也提到"推进供给侧结构性改革，是适应和引领经济发展新常态的重大创新"[②]；2016年，习近平总书记在中央经济工作会议上指出，要"坚持以推进供给侧结构性改革为主线，适度扩大总需求，加强预期引导，深化创新驱动，全面做好稳增长、促改革、调结构、惠民生、防风险各项工作"[③]；2017年党的十九大报告指出，要"以供给侧结构性改革为主线，推动经济发展质量变革、效率变革、动力变革，提高全要素生产率"[④]；2017年，习近平总书记在中央经济工作会议上再次指出"形成以新发展理念为指导、以供给侧结构性改革为主线的政策框架"[⑤]；2018年12月，习近平总书记在中央经济工作会议上指出，"我国经济运行的主要矛盾仍然是供给侧结构性的，……必须坚持以供给侧结构性改革为主线不动摇，……更多采取改革的办法，更多运用市场化、法治化手段，在巩固、增强、提升、畅通上下功夫"[⑥]；2021年中央经济工作会议再次强调，要"深化供给侧结构性改革，重在畅通国内大循环，重在突破供给约束堵点，重在打通生产、分配、流通、消费各环节"[⑦]。2022年党的二十大报告指出，要"坚持以推动高质量发展为主题，把实施扩大内需战略同深化供给侧结构性改革有机结合起来，增强国内大循环内生动力和可靠性，提升国际循环质量和水平，加快建设现代化经济体系，着力提高全要素生产率，着力提升产业链供应链韧性和安全水平，着力推进城乡融合

[①] 《习近平关于社会主义经济建设论述摘编》，中央文献出版社2017年版，第87页。
[②] 《习近平关于社会主义经济建设论述摘编》，中央文献出版社2017年版，第94页。
[③] 转引自范鹏主编《统筹推进"五位一体"总体布局》，人民出版社2017年版，第24页。
[④] 习近平：《论把握新发展阶段、贯彻新发展理念、构建新发展格局》，中央文献出版社2021年版，第193页。
[⑤] 《习近平关于社会主义经济建设论述摘编》，中央文献出版社2017年版，第111页。
[⑥] 习近平：《论把握新发展阶段、贯彻新发展理念、构建新发展格局》，中央文献出版社2021年版，第299—300页。
[⑦] 《习近平经济思想学习纲要》，人民出版社、学习出版社2022年版，第66页。

和区域协调发展，推动经济实现质的有效提升和量的合理增长"①。党的二十大通过的《中国共产党章程（修正案）》明确提出，要"统筹城乡发展、区域发展、经济社会发展、人与自然和谐发展、国内发展和对外开放，调整经济结构，转变经济发展方式，推进供给侧结构性改革"②。

通过以上梳理可以看出，供给侧结构性改革在多次重大的会议中被强调和要求，它对中国未来经济发展至关重要。它是马克思主义政治经济学的创新和发展，是中国特色社会主义政治经济学与新时代中国经济发展实践相结合的重要理论成果，更是习近平经济思想的重要内容之一。推进供给侧结构性改革，是大势所趋、形势使然，是问题倒逼、必经关口，是需求升级、发展之需。

改革的实施需要理论支撑，众多学者尝试从不同理论里找寻供给侧结构性改革的理论溯源和理论基础。部分学者提出，供给经济学和凯恩斯的有效需求理论可作为其理论基础；但有更多学者是从马克思主义政治经济学角度来分析供给和需求的关系，探讨供需结构性失衡的本质和原因。本书正是在马克思主义政治经济学的指导下，结合中国经济社会发展实践和中国特色社会主义政治经济学，梳理供给侧结构性改革的理论体系，对更深层次理解供给侧结构性改革理论、挖掘理论创新有重要的意义。

（二）研究意义

经济学是揭示经济发展规律的科学，而生产和消费的关系是经济学的基本问题。从生产（供给）和消费（需求）角度入手，研究经济发展的规律，具有重要的理论意义和现实意义。供给学派推动欧美供给侧改革，其本质是针对凯恩斯的需求决定理论和需求管理政策，将人们的目光转移到供给端，希望通过调动个人和企业的积极性来增加供给，同时通过私有化和市场化来重建自由市场。而笔者认为，应以马克思主义政治经济学为基础，从社会再生产理论中辩证分析供给与

---

① 习近平：《习近平著作选读》（第一卷），人民出版社2023年版，第23—24页。
② 《中国共产党章程》，人民出版社2017年版，第6页。

需求的关系，使之成为供给侧结构性改革的理论基础。研究供给侧结构性改革理论，一方面对推动马克思主义中国化有重要理论意义，另一方面也是新发展阶段实现经济高质量发展的现实需要。

1. 理论意义

第一，有利于进一步学习和理解马克思主义政治经济学。马克思主义政治经济学以物质资料生产为研究出发点、以社会的生产关系为研究对象，其根本任务是揭示经济规律。"马克思的经济学说就是马克思理论最深刻、最全面、最详细的证明和运用"[①]。马克思主义是无产阶级政党制定纲领、路线、方针、政策的理论基础，马克思主义政治经济学是对理论与实践的统一、革命性与科学性的统一的反映。随着世界格局和经济发展的不断变化，马克思主义政治经济学在不断地充实和发展，并通过实践检验，从中筛选出经济发展的客观规律；也正是其不断发展，才能使其保持恒久的生命力。对供给侧结构性改革的理论进行研究，正是帮助我们进一步认识和理解马克思主义政治经济学的重要内涵、掌握马克思主义政治经济学理论内涵的重要体现。

第二，有利于进一步推进马克思主义中国化，发展和创新中国特色社会主义政治经济学的理论体系。在马克思主义中国化的进程中，马克思主义政治经济学作为中国特色社会主义政治经济学的理论源泉，对中国经济的发展与改革起到指导性作用。同时，中国经济发展的特殊性和复杂性，也需要不断发展和创新中国特色社会主义政治经济学理论，以此来指导改革实践。因此，探讨和分析供给侧结构性改革的理论，总结和归纳供给侧结构性改革的理论创新，既是对马克思主义政治经济学在新时代中国化的理论探索，也有利于结合时代发展特点完善中国特色社会主义理论体系。

2. 现实意义

当前中国经济面临着复杂的形势。一方面，通过改革开放，中国

---

① 《列宁选集》（第二卷），人民出版社1972年版，第588页。

的经济实力和国际地位都有了较大提升；另一方面，又面临着诸多挑战。"经济增长速度放缓""结构性调整亟待解决""要素、投资驱动如何转变为创新驱动"三大问题叠加，如何解决这些问题成为经济学界关注的重点。供给和需求是经济分析中不可分割的一对关系，学术界争论的焦点也是在供求两端因素中更侧重哪一因素。因此，我们不能孤立地分析究竟是供给的问题还是需求的问题。研究供给侧结构性改革的理论逻辑与理论渊源，对健全社会主义市场经济体制、实现新时代社会经济发展目标、推进中国式现代化发展具有重要的现实意义。

第一，有利于分析当前经济发展形势，准确判断当前存在的主要矛盾。唯物辩证法认为，只有抓住主要矛盾和矛盾的主要方面，问题才能迎刃而解。当前，社会主要矛盾的转化不仅标志着我国已经进入中国特色社会主义新时代，同时还意味着今后国家发展的根本任务将包含更多新的内容，也意味着我们真正实现了从站起来、富起来到强起来的历史性飞跃[①]。如何正确认识和解决这一矛盾，就需要分析当前社会生产的供给与人民的需求不匹配所产生的原因以及如何解决等问题。

第二，有助于指导供给侧结构性改革的具体实践。改革实践需要理论的指导，理论也是在不断的实践中被论证和检验。将马克思主义政治经济学相关理论、中国特色社会主义政治经济学与供给侧结构性改革理论结合起来进行研究，既有利于运用理论分析当前经济发展中的供需现状，寻找供需失衡的源头，并提出相应的对策指导实践，从而解决现实问题；也有利于在改革实践中检验理论的科学性，为改革实践提供理论指导，促进需求和供给协调发展，从而推动经济高质量发展。

第三，有助于进一步将制度优势更好地转化为国家治理效能。党的十九届四中全会强调"把制度优势更好转化为国家治理效能"。供给侧结构性改革在经济新常态这一背景下提出，充分体现了与当前中国的具体国情相结合的特点；"三去一降一补"的改革实践成果充分论证了这一改革的正确性。因此，对供给侧结构性改革的理论创新进

---

① 颜晓峰：《我国社会主要矛盾转化意味着什么》，《人民论坛》2018年1月25日。

行分析和总结，能够将实践中的做法与取得的经验进行总结，全面深化改革，稳步推进国家治理能力与治理体系现代化。

六　国内外研究现状及评述

自2015年首次提出供给侧结构性改革，党的十九大将"推进供给侧机构性改革"写入党章，供给侧结构性改革已经从各个方面融入国民经济中。这一改革措施不仅是对中国特色社会主义政治经济学的发展和创新，也推动了我国经济改革实践。学术界对这一政策进行了详细的解读和研究。其中发表在期刊上的学术论文主要集中在2017年和2018年这两年，内容大多基于供给侧视角下某一产业、行业或城市经济发展分析；硕博士论文在2018年和2019年相对集中，说明对供给侧结构性改革的研究成为学术界研究的热门话题。

通过总结分析，这些研究或从内涵、任务、改革措施角度出发对供给侧结构性改革进行分析，或重点研究了供给侧结构性改革在某一领域的影响。从理论角度出发，对供给侧结构性改革的理论创新进行分析与总结的研究与文献尚不多见。因此，笔者试图从马克思主义政治经济学角度出发，尝试总结供给侧结构性改革的理论特色，归纳供给侧结构性改革的理论创新。

（一）国内外研究现状

1. 西方供给思想的研究现状

西方供给学派的供给思想从萨伊定律出发，经历了萨伊定律—供给学派—供给管理这几个阶段，以下以时间为轴，阐述主要观点。

（1）国外学者的相关研究

18世纪末由法国古典主义经济学家让·巴蒂斯特·萨伊[①]正式提出"生产是需求的来源……是生产开启了对商品的需求"。一种产品

---

① Jean Baptiste Say, *A Treatise on Political Economy*, New York: Augustus M. Kelley, 1971, p.45.

的生产提供了对其他已经生产出来的产品的需求。市场经济通过持续提高生产率来实现扩张的能力没有任何内在的抑制因素,因为产品本身会提供购买其他产品的购买力,因此,"供给是会自动创造需求"的。萨伊定律由此而生。

但实际上,约翰斯图尔特·穆勒指出:商品生产创造财富,并且是为已生产的商品创造市场的唯一普遍性原因,只要国家能够维持适当的生产水平,我们就无须为支出不足操心,因为支出会自己照顾自己,也不必担心储蓄增加会引起消费不足导致任何经济问题,只要所生产的商品能够适当满足消费者对商品的欲望,总需求完全能够跟上总供给的步调。[①] 因此,就算商品和服务生产过多,也只是导致局部供过于求,而不会导致普遍供过于求。所以有学者认为,穆勒才是最早提出供给思想的学者,萨伊只是在其基础上进行了总结和归纳。

Gray Becker 和 William Baumol[②] 总结归纳了学术界对萨伊定律的主要三种观点:第一种观点认为萨伊定律是一个恒等式,通常被称为"瓦尔拉斯法则"[③](Walra's Law)。该法则认为,无论是在物物交换的经济中,还是在货币仅作为计价标准使用的经济中,都存在一种任何商品供给过度的逻辑不可能性。货币在物理意义上存在,但货币仅仅是一种计价单位,人们不会为了货币本身而持有货币。由于计价标准是一种任意选择的商品,因此,全部需求商品(包括"货币")的总价值始终等于全部供给商品的总价值。普遍的生产过剩是不可能发生的。第二种观点是萨伊定律被称为"萨伊恒等式"。一个经济体的货币市场始终处于均衡状态,也就是说绝不会存在货币需求过剩或者供给过剩。当有人供给商品获取货币时,他们会因有对其他商品的需求

---

① Mill, *Commerce Defended*, New York: Augustus M. Kelley, 1965, p. 88.
② Gray Becker, William Baumol, "The Classical Monetary Theory: The Outcome of the Discussion", *Economica* 19, November 1952, p. 355.
③ 瓦尔拉斯法则是依据经济学家 Leon Walras 命名,指在一个经济体内,在任何一个特定的市场中,如果所有的其他市场都是均衡的,那么那个特定的市场也必然是均衡的。如果在一个市场内供求相等,则在另一市场内供求也必然相等。

而立刻供给商品换回货币。在这种情况下，货币不会对相对价格产生任何影响。但持有货币者的总需求确实也意味着绝对价格水平是不确定的，会引发"兰格和帕廷金（Lange and Patinkin）谴责"①。萨伊恒等式描述的条件是相对价格由商品供给和需求决定。同时，萨伊恒等式也不可能出现普遍的生产过剩，因为如果现金余额立刻被花掉，那么商品需求的总价值必然等于商品供给的总价值②。第三种观点是萨伊定律被称为"萨伊等式"。由商品供给过度或货币需求过度造成的问题具有自我纠偏倾向。如果没有足够的需求吸纳全部已生产的商品，那么就说明商品定价过高。等商品价格跌到市场出清水平后，任何积累过剩商品（有别于库存）都将现世。因此，它并不认同萧条的不可能性，而只是认为在价格有弹性的条件下，市场趋于均衡。如果价格处于正确的水平上，商品供给所产生的收入就足以购买这些商品。

大卫·李嘉图③特别注重萨伊定律对经济增长、资本积累和利润率的影响。他认为，不仅仅是总供给能力的扩大不会因为总需求问题而受到任何限制，而且产出的任何增加都会随着利润率的不断增长而被吸收。在《政治经济学及赋税原理》中，他提出"只要劳动者的生活必需品能够以同样的比率不断增加，那么，无论积累多大数量的资本，都不会导致利润率或者工资率的任何长期变化"。因此，萨伊定律就用于解决经济长期停滞问题。

托马斯·罗伯特·马尔萨斯④等经济学家认为萨伊定律中生产是需求之源没有问题，但萨伊定律中对于普遍供过于求持否定态度。通

---

① 兰格和帕廷金（Lange and Patinkin）谴责是经济学家批评古典学派和新古典学派将定价过程"一分为二"，而之所以要一分为二，是因为"货币的相对价格"（即绝对价格水平）仅仅由货币供给决定，原因就在于没有任何持有货币的需求。
② 商品供给普遍过剩的不可能性直接源于该模型的假设。由于货币没有价值储存手段的职能，这个模型实际恒等于一种物物交换经济（因为根据定义，总供给必然等于总需求）。
③ David Ricardo, *Principles of Political Economy and Taxation*, London: J. M. Dent and Sons, 1973.
④ Thomas Robert Malthus, *Principles of Political Economy*, 2nd ed, Clifton, N. J.: Augustus M. Kelly, 1974.

过论证，他们肯定了发生普遍供过于求的可能性。当收入向资本的转化足以减少总需求，导致利润率下降，进而抑制进一步积累资本的动机时，就会发生普遍过剩。

约翰·梅纳德·凯恩斯①在《就业、利息和货币通论》中阐述：萨伊定律非常重要，是古典学派整个理论体系的基础，如果没有这个基础，古典学派经济理论就会分崩离析。但并不是供给创造了需求，而是需求创造了供给。需求的增长并不是由供给增长造成的。他将萨伊定律表述为"在任何产出和就业水平上，总需求价格总是等于总供给价格"。凯恩斯模型能够实现储蓄与投资恒等的唯一途径就是国民收入下降，从而抑制计划的储蓄增长。在这种情况下，生产本身并非需求之源，因为来源于生产的收入可以被用于储蓄，而不是消费，就不会导致需求增加，而只会导致产出下降。

泰勒·考恩②重申萨伊定律和许多其他古典经济学说的经济理论。他认为，供给学派实质上对凯恩斯主义相关的经济政策进行了有效的批判。美国联邦政府通过货币政策和财政政策所实施的需求管理导致了通货膨胀高、失业率高和预算赤字巨大等问题。从根本上讲，是因为指导这些经济政策的凯恩斯理论更趋向于忽视或者至少不够重视经济的"供给侧"。供给学派坚决支持萨伊定律，认为只有通过增加商品和服务的供给，才能以非通胀形式真正增加需求。

赫伯·特斯坦③首先对有关"供给"方面的主要观点进行了梳理，包括亚当·斯密的"增加总产出的供给对个人和国家发展至关重要""产出的供给取决于资源的投入""资源的供应受到政府税收等政策的影响""减税有利于增加总收入"等观点。同时指出这些都不是"新

---

① John Maynard Keynes, *The General Theory of Employment, Interest and Money*, New York：Harcourt Brace Jovanovich, 1974.

② Tyler Cowen, *Supply-side Economics：Another View* (Policy Report, Washington, D. C.：Cato Institute, August 1980.

③ ［美］赫伯·特斯坦、葛奇：《新"供给"学派的经济思想》，《现代外国哲学社会科学文摘》1980年第5期。

供给经济学"的思想，只有通过数量计算（数量模型计算）降低税率才可以增加实际产出。

A. 利夫希茨等[①]指出，供给学派所推崇的是庸俗经济学的新古典传统做法，主张资本主义国家的任务是要发挥市场作用建立经济环境。供给学派支持货币主义通货膨胀学说，减少国家对市场的控制；"不完善"的税收体制和国家调控是导致"非预期的"通货膨胀的主要因素，歪曲了当前通货膨胀的实质和原因（资本主义再生产的矛盾和垄断价格的作用），明显偏向边际主义。同时，针对已经出现的经济问题，他们认为税收制度的改革是唯一的钥匙，将"拉弗效用"作为脱离现实困境的重要指导。因此，供给学派理论是脱离资本主义现实的。

Gwartney J. D.[②] 指出，供给作为影响经济增长的重要因素，只有供给满足需求、供需平衡后才能实现经济的增长。Athol Fitzgibbons[③] 认为亚当·斯密的社会分工理论为供给理论的发展提供了重要指导作用，供给和需求作为经济发展的两个方面，对经济发展的推动作用不可厚此薄彼。Kchob Bob[④] 谈道，供给学派从供给角度出发，提出减税、简政放权等政策，对解决美国当前经济问题有着重要作用，也对世界经济发展有着重要意义。Toye Richard[⑤] 转向凯恩斯主义，认为他的经济政策在一定程度缓解了资本主义经济危机，其理论本身并没有问题，之所以导致"滞胀"的出现，是因为此时的凯恩斯主义与经济发展现状不匹配了。Jonathan Sperber[⑥] 通过实证分析，认为马克思对

[①] A. 利夫希茨、靖国：《供应学派经济学批判》，《国外社会科学》1986年第12期。

[②] Gwartney J. D., *Supply-side*, the concise encyclopedia, 2008, p. 22.

[③] Athol Fitzgibbons, *Adam Smith's system of Liberty*, *Wealth and Virtue*, Oxford University Press, 2009, p. 60.

[④] Kehob Bob, *Supply-side Economics*, cost-cutting focus shifts on utilization, clinical integration, *Health Facilities Management*, 2012, p. 35.

[⑤] Toye Richard, Keneys, Liberalism and "The Emancipation of the Mind", *The English Historical Review*, 2015, p. 1122.

[⑥] Jonathan Sperber, *Karl Marx: Greatness and Illusion*, Central European History, 2017, p. 23.

供给与需求的辩证分析,才是供给经济学的理论指导,特别是其中对经济发展中有效供给具有的重要作用的揭露。

(2) 国内学者的相关研究

国内学者对西方供给思想的研究最早起源于对萨伊定律的思考。根据中国知网,《评供应经济学》[①] 一文介绍了美国理论界对萨伊定律和供给经济学持否定态度。实施凯恩斯主义并没有出现资本主义社会稳步前进以及避免经济危机;而供给经济学重提"萨伊定律",期望通过供给带动经济的发展,反而将经济搞乱;凯恩斯主义在推动需求同时加速了通货膨胀,使国内和国际货币金融状况更加混乱,形成长期危机局面。

葛奇[②]指出,19世纪70年代,以费尔德斯坦为代表的供给学派在美国出现。他们提出,当前资本主义社会的经济问题"已经从不能充分利用生产能力转向生产资源过度紧张的方面",若加大政府开支和增加货币供应量,只会造成物价上涨,增加人们消费负担,减少储蓄和投资,最终也不能扩大有效需求和就业。同时,当时的失业主要是结构性失业(即工人劳动技能与社会需求不匹配),单纯依靠增加政府开支无法解决这一问题。因此,供给学派主张提升工人的职业技能,增加供给和生产,减少财政开支和税收。

厉以宁[③]提出,19世纪70年代中期,供给学派兴起,将资本主义的就业问题建立在萨伊定律基础上,认为可以通过市场自行调节解决通胀与失业同时存在的问题。但供给学派只是一个"复旧"的学派,是将亚当·斯密和萨伊的观点再次呈现,所采取的政策也只是减税,不能从根本上解决这一问题。

黄范章[④]提出,供给学派与里根经济学体现的正是理论与实践的关系。供给学派理论和里根经济学,反对的仅仅是"政府在分配与再

---

① 李琮:《评供应经济学》,《国际经济评论》1981年第6期。
② 葛奇:《凯恩斯主义、货币学派和供给学派》,《社会科学》1980年第3期。
③ 厉以宁:《三十年来西方就业理论的演变》,《河北学刊》1981年创刊号。
④ 黄范章:《供给学派与里根经济政策》,《世界经济》1982年第9期。

分配时对垄断资本的干预",而不反对"政府对垄断资本的扶助"。因此,供给学派之所以皈依到庸俗资产阶级古典派(萨伊)的"自由经营",是因为还没有找到能与凯恩斯主义相抗衡的其他理论。但实际上,供给学派和凯恩斯学派一样,都陷入了片面性,凯恩斯突出"需求",供给学派强调"供给",在今后的发展中,会逐渐出现理论上的"综合"。

此后国内的经济学家开始关注供给经济学与萨伊定律。到2015年,习近平总书记提出"推行供给侧结构性改革",供给侧结构性改革与萨伊定律、供给经济学的主要观点的区别与联系,开始成为学术界研究的重点。

贾康、苏京春[①]指出,对萨伊定律核心作用的认识,能够让后来的经济学家在进行"生产与消费、供给和需求之间关系和对价格的影响"等问题研究时,有一定参考作用。20世纪30年代美国经济危机爆发,引起"大萧条",以罗斯福新政为体现的"市场自动机制不能使得生产和就业实现均衡"的凯恩斯主义成为主流思想,并对萨伊定律进行强烈的批判。到20世纪70年代,美国再次爆发了以"滞胀"现象为特点的经济危机,既出现了大量失业,经济又呈现出通货膨胀,凯恩斯主义无法解决,供给学派应运而生。以拉弗和费尔德斯坦为代表的供给学派重新肯定了"萨伊定律"的正确性,并以里根经济学和撒切尔主义为体现,对世界经济产生巨大影响。

朱富强[②]提出,早期对萨伊定律的理解,撇开了货币对商品供求关系的影响,只是将商品供给联系在一起,被简化为"供给创造需求",因此受到了马尔萨斯、西斯蒙第等的批判。但从更深层次理解,总供给和总需求并不是独立存在的,任何产品的需求都源于其他部门的供给,因而供给增加需求也会增加,危机之所以存在,不能只看

---

① 贾康、苏京春:《探析"供给侧"经济学派所经历的两轮"否定之否定"——对"供给侧"学派的评价、学理启示及立足于中国的研讨展望》,《财政研究》2014年第8期。
② 朱富强:《"供给侧改革"的理论基础和政策导向》,《市场经济与供给侧结构性改革》(2016年岭南经济论坛论文集),2016年11月,第17—25页。

"生产过剩",而要从供给端进行分析。从源头上看,这个供给并没有满足人的需求,而结构上的失衡也只是"相对过剩"。供给学派在发展过程中,认为现代经济发展所面临的问题是产品供应不足,但反对通过增加需求刺激经济,而是通过提高生产力来实现经济的增长;并且在市场中,要让市场机制充分发挥作用,回归到自由主义经济。政府的任务就是通过减税等制度刺激经济。供给学派以萨伊定律为基础,但当前已不是萨伊所处的时代,因此不能完全依靠萨伊定律来解决经济中出现的问题。

赵磊[①]提出,萨伊定律核心思想在于"供给创造需求",即产品创造需求,市场能进行自我调节,供给失衡现象只是暂时存在,不会出现普遍生产过剩,商品买卖不会脱节等。但历史证明,"有效需求不足"才是破坏市场均衡的关键点。供给学派的基本主张是"扩大有效供给",这个有效供给是基于马克思的"相对过剩",而不是"绝对过剩"。同时,这里所说的有效供给等价于"创新",但要警惕以创新之名的"浪费"。

李旭章、龙小燕[②]指出早期萨伊定律是指只要产品被生产,就可以为其他产品提供市场,不会出现供需不平衡。而现代供给学派更加强调供给管理,供给才是经济发展的关键,消费只是次要结果;资本的自由流动也可以促进经济增长;同时,实现经济增长是需要加大对资本的投资并降低商品和服务的生产障碍。因此,所采取的政策是降低边际税率和减少政府调控,拉弗曲线也从数据上支持了这一说法。

金鑫[③]通过对比分析,发现凯恩斯主要从总需求和总供给理论政策方面主张对萨伊定律进行解读,但实际上萨伊是从结构视角对供给和需求进行分析,通过价格机制对市场进行调节。萨伊定律的含义应当是市场通过生产创造需求,这个需求刚好和对应的供给相匹配,如

---

① 赵磊:《对"供给学派"的政治经济学分析》,《政治经济学评论》2016年第2期。
② 李旭章、龙小燕:《供给侧结构性改革、西方供给学派与当前经济政策选择》,《地方财政研究》2016年第7期。
③ 金鑫:《对萨伊定律的解读》,《中央财经大学学报》2016年第5期。

果在结构上保持了一致,供给和需求就可以达到平衡,解决经济萧条和由此带来的有效需求不足的问题。同时,尽管萨伊定律和供给学派都强调供给的重要性,但萨伊定律强调的是供给与需求的结果要相匹配,而供给学派是从提高劳动生产率角度出发,以减税增加总供给,从而促进资本和劳动的投入增加,最终实现经济增长,即也是强调总量增加。

方福前等[1]指出,萨伊定律成立的前提是市场价格充分弹性、利率能够自动调节、货币只是交易媒介、市场中不会出现普遍性的生产过剩,在这一背景下,生产会给产品创造需求。在其论述中我们发现,萨伊这一论述并没有问题,只是舍弃了社会制度会对供求关系产生影响的观点,仅从一般意义上抽象地去讨论总供给和总需求的关系,并未分析其对经济短期增长和长期增长的影响因素,因此否定了资本主义社会会出现普遍性生产过剩这一危机的可能性。

2. 马克思供给和需求理论的研究现状

马克思虽然未就供给与需求建立系统性理论,但对供给和需求的研究一直贯穿马克思主义政治经济学的始终。学术界对马克思有关供求关系的理论研究主要为有效需求理论、有效供给理论、社会总供给总需求均衡理论等,同时将其与西方经济学的供给理论和需求理论进行对比。

(1)国外学者的相关研究

国外学者对马克思有关供求关系理论的研究主要集中在社会再生产理论。一方面肯定了马克思再在生产理论对经济增长的贡献,另一方面主要将其与凯恩斯的经济增长理论进行对比分析。

乔安·罗宾逊[2]尽管是凯恩斯学派的代表人物,但其对马克思主义经济理论做过深入研究,在其著作中充分肯定了扩大再生产理论对

---

[1] 方福前等:《寻找供给侧结构性改革的理论源头》,《中国社会科学》2017年第7期。
[2] [英]乔安·罗宾逊:《马克思、马歇尔和凯恩斯》,北京大学经济系资料室译,商务印书馆1965年版。

凯恩斯的有效需求理论的启示作用。他指出，马克思理论最有价值的部分之一便是"扩大再生产图示"。扩大再生产图示为研究储蓄和投资的问题，以及资本主义生产品和消费品供需之间的平衡，提供了简单而又不可缺少的方法。这一理论被卡勒茨基用来解决凯恩斯的相关问题，而后哈罗德和多马尔对其进一步深入研究，使其成为长期经济发展理论的基础。

托姆·博托莫尔[①]指出，马克思认为之所以资本主义社会会产生经济危机，是由于繁荣阶段出现的畸形发展和生产能力过剩，以及随之而来的货币囤积和库存积压。对于危机，他认为危机反而是对付不平衡的手段，是推动资本主义社会进一步发展的手段。

保罗·斯威齐[②]谈道，马克思赞成消费不足论。消费不足论要解决的是消费品生产能力的扩大快于消费品需求的扩大，同时这也正是危机"比例失调"的原因。

约瑟夫·熊彼特[③]认为，资本主义发展一方面能使社会生产产生巨大力量，但另一方面也会不断增加群众的不幸，危机或萧条是由于受剥削的群众买不起永远扩大的生产设备生产出来或准备生产出来的东西。因此，危机产生的原因还是消费不足，经济之所以衰退，很大程度上是由于经济内部出现了问题。

克拉克[④]从马克思资本再生产角度出发，探讨考量资本再生产主要解决的是生产比例与固定资本之间如何协调，对资本家而言，生产的动力在于是否产生和占有剩余价值。因此，生产消费的矛盾取决于能否实现再生产、解决剩余价值和消费不足之间的矛盾。

---

① [美]托姆·博托莫尔：《现代资本主义理论》，顾海良、张雷声译，北京经济学院出版社1989年版。
② [美]保罗·斯威齐：《资本主义发展论》，陈光烈、秦亚男译，商务印书馆2000年版。
③ [美]约瑟夫·熊彼特：《资本主义、社会主义与民主》，吴良健译，商务印书馆1999年版。
④ [英]克拉克：《经济危机理论——马克思的视角》，杨健生译，北京师范大学出版社2011年版。

(2) 国内学者的相关研究

国内学者对马克思有关供给和需求的理论进行研究的文献相对较多，早期主要集中在对马克思劳动价值论、剩余价值论的研究；进入 21 世纪后，开始对社会再生产理论进行研究；从 2015 年开始，结合供给侧结构性改革，开始关注马克思有关供求关系的相关理论，包括有效供给、有效需求、社会总供给总需求均衡等。

张振斌[①]认为，马克思供求理论的主要内容体现在以下三个方面：第一，马克思的供求理论是建立在科学的劳动价值论基础上；第二，供给与需求是辩证统一的关系；第三，市场价值与供给需求相互影响、相互作用。此外，供求关系的运动对生产价格的形成有着重要作用。

冯根福[②]系统研究了马克思的长期供求理论和短期供求理论。长期供求理论是在劳动价值论的基础上提出，是资本主义生产力发展的必然结果，与市场价值互相影响，这与庸俗经济学家的"供给决定论"有着本质区别。

朱正清[③]肯定了马克思的价格理论与供给理论紧密相连，供求的变化与市场价值和生产价格、市场价格相互影响。同时，供给是由社会生产条件决定，需求是由社会关系决定，供求关系相关理论主要源于劳动价值论。

杨继国[④]认为马克思没有建立系统的供给需求理论，但有很多论述涉及供求关系，包括供求关系是商品经济最基本的关系；供给和需求都由生产产生，是一个问题的两个方面，是辩证统一的；供求关系并不决定价值，但会对价格产生影响；供求关系有社会性和阶级性。

---

① 张振斌:《马克思的供求理论与生产价格》,《财经理论与实践》1985 年第 4 期。
② 冯根福:《马克思长期供求理论研究》（上）（下）,《价格理论与实践》1992 年第 11—12 期。
③ 朱正清:《马克思的供求理论与价格理论》,《当代经济研究》1997 年第 3 期。
④ 杨继国:《马克思的供求理论及其发展》,全国高校社会主义经济理论与实践研讨会第 17 次会议论文，2003 年。

简新华、余江[①]从需求与供给、需求管理与供给管理的利弊出发，分析了中国经济发展的现状，得出的结论有一定参考价值，即只有以马克思主义政治经济学的基本原理和方法来分析中国现状，尤其是从生产力与生产关系的相关性和供给与需求的相关性角度出发进行分析，更符合中国经济发展的实际情况。

3. 供给侧结构性改革的研究现状

供给侧结构性改革在2015年由我国创新性提出，通过查阅相关文献，鲜有国外学者对其进行研究，部分英文文献也是由国内学者撰写。鉴于此前已经对西方供给思想的相关文献进行了总结分析，以下主要总结国内学者的相关研究。

（1）对供给侧结构性改革的内涵和理论来源的研究

国内学者大多从以下几个方面，为供给侧结构性改革定义内涵和找寻理论依据：第一，从供给侧结构性改革的背景出发，分析其理论来源；第二，通过梳理萨伊定律、供给学派、供给经济学相关思想，为推进供给侧结构性改革的实践找到理论依据；第三，基于马克思主义政治经济学相关理论，对供给侧结构性改革进行理论指导。具体研究如下。

李智等[②]谈到，1978—2008年的30年间，主要依靠需求拉动经济高速发展，现在已经开始出现边际效应递减趋势，经济社会体系中结构性问题开始蔓延。由于要素流动不畅导致产业结构升级缓慢，激化供需矛盾，造成有效供给不足。中国已开始出现显性滞胀的风险，因此，供给侧结构性改革势在必行。

龚刚[③]认为，之所以要进行供给侧结构性改革，是因为当前中国经济发展已经进入"新常态"，中国已开始迈入"供给决定型经济"，

---

① 简新华、余江：《马克思主义经济学视角下的供求关系分析》，《马克思主义研究》2016年第4期。

② 李智、原锦凤：《基于中国经济现实的供给侧改革方略》，《价格理论与实践》2015年第12期。

③ 龚刚：《论新常态下的供给侧改革》，《南开学报》（哲学社会科学版）2016年第2期。

未来经济将由供给或生产能力决定，推动经济发展主要动力在供给侧。此外，中国发展要依靠科学知识，技术创新也将成为推动中国经济发展的重要力量，这也是供给侧结构性改革的重要目标。

李翀[1]通过对长短期供求管理进行分析，得出"经济理论和经济政策都是根据当下的时代背景产生"这一结论，供需管理是不能分割的。在萨伊时代，经济社会长期处于供不应求的状态，因此只要增加供给必然能实现供需均衡；而到了凯恩斯时代，社会发展迅速，但能够有能力进行支付的需求行为却在相对减少，这时需求就成为矛盾的主要方面，需求创造供给才符合历史的发展；到了20世纪70年代，结构性失业加剧，货币供给过度增加，通货膨胀率逐年提高，刺激需求无法解决问题，此时就需要供给管理。供给管理和需求管理是矛盾的两个方面，哪一方面政策措施有助于解决经济问题才是最重要的。

冯志峰[2]认为，供给侧结构性改革是从供给侧这一角度出发，在制度、机制和技术上推进结构性改革。"供给侧改革"理论的背后是供给学派，是历经萨伊定律—拉弗曲线—供给革命几个阶段，不断进行发展和创新的。供给侧结构性改革，四大要素是"劳动力、土地、资本和创新"，和传统的"三驾马车"是经济发展的一体两面，既要考虑当前经济的稳定增长，也要保持长久的可持续发展。

胡鞍钢等[3]认为，短期经济发展要依靠"去产能、去库存、去杠杆、降成本、补短板"这五大战术，长期看必须要落实"绿色、创新、共享、协调、开放"五大发展理念，转变经济增长方式，才能保持经济的持续增长。

许梦博等[4]从马克思主义社会再生产理论角度出发，以社会两大

---

[1] 李翀：《论供给侧改革的理论依据和政策选择》，《经济社会体制比较》2016年第1期。
[2] 冯志峰：《供给侧结构性改革的理论逻辑与实践路径》，《经济问题》2016年第2期。
[3] 胡鞍钢、周绍杰、任皓：《供给侧结构性改革——适应和引领中国经济新常态》，《清华大学学报》（哲学社会科学版）2016年第2期。
[4] 许梦博、李世斌：《基于马克思社会再生产理论的供给侧结构性改革分析》，《当代经济研究》2016年第4期。

部类均衡理论分析当前中国经济形势的实质,即供给侧结构性改革必须从结构性角度出发,着眼于经济的长期发展,一方面通过市场进行产业结构的调整和优化,另一方面必须依靠政府的政策来实现供需平衡。

刘凤义[①]提出,中国特色社会主义政治经济学是马克思主义中国化的具体成果,是与中国经济发展和具体实践相结合的,其中以人为本原则、满足需要原则、共享发展原则、共有主体原则等都将成为供给侧结构性改革的指导原则。

邱海平[②]对此也是持同样观点,他认为供给侧结构性改革必须坚持马克思主义政治经济学。当前中国经济发展和改革的理论依据,正是马克思主义政治经济学所提供,并结合我国实践发展形成了中国特色社会主义政治经济学,此外中国经济发展的现状也符合《资本论》中的相关论断。因此,运用马克思主义政治经济学的基本原理来分析供给侧结构性改革更具理论意义。

王亚丽[③]认为,马克思宏观经济均衡理论是供给侧结构性改革的理论源泉,也为供给侧结构性改革在我国的具体实施提供了方法和对策。但同时也提出,在新常态背景下,需要与时俱进地发展马克思宏观经济均衡理论,形成具有中国特色的宏观经济理论,从而更好地解决当前供给侧结构性改革的相关问题。

杨继国、朱东波[④]等认为,马克思结构均衡理论阐明了供给侧结构性改革的实质,"供给侧结构性改革"要跳出西方经济学的"总量分析",充分运用马克思主义经济结构理论和经济增长理论,实现供

---

① 刘凤义:《中国特色社会主义政治经济学原则与供给侧结构性改革指向》,《政治经济学评论》2016年第2期。
② 邱海平:《供给侧结构性改革必须坚持以马克思主义政治经济学为指导》,《政治经济学评论》2016年第2期。
③ 王亚丽:《运用马克思宏观经济均衡思想指导供给侧结构性改革》,《经济问题》2017年第5期。
④ 杨继国、朱东波:《马克思结构均衡理论与中国供给侧结构性改革》,《上海经济研究》2018年第1期。

需结构相匹配。

白暴力、王胜利①认为，供给侧结构性改革的理论来自马克思主义政治经济学，并进一步丰富和发展了马克思再生产理论、宏观经济结构理论、生产力和生产关系理论，和西方的供给学派有着本质的不同。因此，在对供给侧结构性改革进行分析时，必须从公有制这一基本制度出发，强调需求侧和供给侧的辩证统一关系，从生产端入手，以提高社会生产力为目的，调整产业结构，深化企业改革，推进马克思主义中国化和中国特色社会主义政治经济学的发展和创新。

（2）对供给侧结构性改革重点领域和政策的研究

孙大鹏、王玉霞②提出，中国政府的供给侧管理与美国政府的供给侧管理是明显不同的。美国之所以选择改革，是由于供给冲击导致滞涨、通货膨胀率高且经济增长率为负；而中国当前尽管经济增长率有所下降，但只是从高速增长转为中高速增长，且通胀率也严格控制在2%左右。美国采取的措施是通过减税降低生产成本，解决滞胀问题；而中国面临的是经济发展过程中市场不完善而导致的结构性问题，措施更复杂，因此总结出"三去一降一补"五大措施。

李铄③通过投入产出模型和产业关联分析得出，当前供给侧结构性改革要从生产领域入手，加强自主创新能力，推动产业结构升级；完善市场经济制度，推进市场化改革；增加农民收入，缩小城乡差距，推动分配与再分配领域改革，最终实现供需结构的平衡。

贾康、苏京春④通过"三破"（破偏颇、破脱节、破滞后）和"四立"（立框架、立原理、立融合、立体系），从理论角度到实践层面提出在经济发展过程中，必须将供给侧与需求侧进行结合，发挥政

---

① 白暴力、王胜利：《供给侧改革的理论和制度基础与创新》，《中国社会科学院研究生院学报》2017年第2期。
② 孙大鹏、王玉霞：《供给侧管理的理论渊源与中国创新》，《财经问题研究》2016年第6期。
③ 李铄：《供给侧改革与产业结构调整》，《统计与决策》2017年第8期。
④ 贾康、苏京春：《论供给侧改革》，《管理世界》2016年第3期。

府、市场的全方位作用。

任晓莉[①]通过分析2010—2015年收入差距的变化情况和发展特征，提出要消除不合理的分配差距。在供给侧结构性改革的背景下，应当坚持市场作为初次分配主体，政府深化再分配体制，简政放权，减少对经济运行的干预。此外，通过减税等政策，降低企业生产成本，调动企业积极性，释放供给端活力。

（二）国内外研究的简要评述

通过以上分析，我们发现供给侧结构性改革作为当前中国经济工作的重心，相关文献的研究非常丰富，主要是从供给侧结构性改革的内涵、理论来源、改革的重点领域和重点任务出发，进行分析和解读。在对其理论来源分析上，学界主要从古典经济学、供给经济学、马克思主义政治经济学等视角进行分析，但对供给侧结构性改革的理论创新的研究仍需进一步挖掘和探索。

首先，总结了西方供给思想的研究现状。国外的学者主要围绕萨伊定律的内涵、特点和对经济增长的影响进行分析；在供给经济学兴起后，逐渐开始对其理论来源和内容进行总结。国内学者对西方供给思想的研究开始于20世纪80年代，最初主要围绕供给学派和里根经济学进行研究，在供给侧结构性改革提出后，有人提出萨伊定律是供给侧结构性改革的理论来源之一，学术界对萨伊定律的研究逐渐深入，并且得出统一结论：萨伊定律和供给经济学的其他相关理论并不能成为供给侧结构性改革的理论来源。

其次，对马克思供给和需求理论的研究现状进行了梳理。国外学者主要从社会再生产理论角度出发，一方面肯定了这一理论对经济增长的重要作用，另一方面将研究的重点放在了与凯恩斯的经济增长理论的对比上。而国内学者对马克思主义的研究相对更多，早期主要从劳动价值论、剩余价值论着手，之后重点分析社会再生产理论，在供

---

① 任晓莉：《供给侧结构性改革背景下优化我国收入分配体制研究》，《中州学刊》2016年第3期。

给侧结构性改革提出后,着重结合马克思主义政治经济学,从供求关系的相关理论出发,在有效供给、有效需求、经济结构调整等方面进行研究。

最后,梳理有关供给侧结构性改革的各类资料与文献。在国家提出供给侧结构性改革后,学界主要从理论内涵、来源以及改革的具体政策和改革的相关领域进行研究。以贾康为代表的学者提出了"新供给经济学",通过"三破""四立"实践政策论证供给侧结构性改革;但大多数学者坚定认为马克思主义政治经济学才应当是供给侧结构性改革的理论来源。

梳理现有文献对本书的研究有一定参考意义。如何从这些现有文献中对比总结,找到供给侧结构性改革的理论创新,成为本书的研究重点。因此,本书将进一步对供给侧结构性改革相关理论进行梳理、分析和总结,尝试从中归纳出供给侧结构性改革的理论创新。

第二章 供给侧结构性改革的理论与西方供给思想

自由派经济学家保罗·克鲁格曼曾经说过：供给经济学为何能持续这么长时间？其实答案很简单。供给经济学不是由一群心灰意冷的经济学家创立的不知所云的学科理论，而是当前经济发展的核心学说①。早在凯恩斯主义及20世纪30年代新政兴起之前，供给经济学就已经开始在经济学家和共和政党人之间流动。供给学派的经济学家马丁·费尔德斯坦（Martin Feldstein）称"很大程度上，我们的供给侧经济学是通过促进生产能力，移除政府障碍来提高个人主动性，该思想是亚当·斯密的《国富论》以及19世纪很多经典经济学理论的核心观点"②。供给学派先驱、里根政府的官员诺尔曼·图尔（Norman Ture）认为，供给经济学是"早于凯恩斯主义一个半世纪的基本观念"③。因此，在理解西方供给思想和供给学派的理论观点时，我们需要追本溯源，从古典经济学中探索供给思想的相关理论。

---

① [美]罗伯特·阿特金森：《美国供给侧模式启示录——经济政策的破解之道》，杨晓、魏宁译，中国人民大学出版社2016年版。
② Martin Feldstein, "Supply Side Economics: Old Truths And New Claims", *Working Paper* 1792, Cambridge, MA, National Bureau of Economic Research, January 1986.
③ David Roboy, "Norman B. Ture on Supply-Side Economics", *Enterprise*, June 1980, p. 18.

一 供给思想的理论起源与逻辑

亚当·斯密在《国富论》中提出，被看作政治家或立法家的一门科学的政治经济学，提出两个不同的目标：第一，给人民提供充足的收入或生计，或者更确切地说，使人民能给自己提供这样的收入或生计；第二，给国家或社会提供充分的收入，使公务得以进行。总之，其目的在于富国裕民。不同时代不同国民的不同富裕程度，曾产生两种不同的关于富国裕民的政治经济学体系。其一，可称为重商主义；其二，可称为重农主义[①]。这便是政治经济学的最初含义，而在重商主义和重农主义中，都存在供给思想的最初萌芽。

重商主义（Mercantilism）是18世纪在欧洲受欢迎的政治经济体制。托马斯·曼（Thomas Mun，1571—1641年）作为其代表人物，其主要思想为"货币产生贸易，贸易增多货币"。在重商主义经济思想家看来，金银货币就是财富的唯一形态，在国内生产和交换过程中，货币只是起到媒介的作用，而不能产生财富的增加，只有通过国际贸易，才能从国外获取新的金银，从而增加国家的财富，而这个时候需要国家进行干预和扶持。所以作为资本主义萌芽最早的英国，积极拓展海外市场，进行外贸活动。而重商主义也使英国在国际贸易中取得了一定的经济效益。但重商主义将货币与真实财富等同起来，轻率地把高水平的货币积累与供给等同于经济繁荣，并把贸易顺差和金银等贵金属的流入作为其唯一的政策目标。实际上，一国真正的财富是一国的"资力"。亚当·斯密认为"一个有资力购买金银的国家，如果在任何时候缺乏金银，要想法补足，那就比补足其他任何商品的缺乏都更方便。如果制造业的原料不够，工业必然陷于停顿。如果食粮不足，人民必将为饥饿所苦……无论从哪一方面说，任

[①] ［英］亚当·斯密：《国富论》，郭大力、王亚南译，译林出版社2011年版。

何一个国家的政府对于保持或增加国内货量的关心都是不必要的"①。因此，斯密不认为商业是创造财富的唯一源泉，并在《国富论》中指出，"真正的财富来自于生产力和供给力量，而不是依靠贸易顺差积攒的金锭"②。

重商主义为英国经济发展带来了契机，使得英国经济在这一时期迅速发展。但同时，重商主义在欧洲其他国家的推行并不是很顺利，如法国依靠牺牲农民发展工商业的重商主义政策并没有让法国经济状况好转，重商主义也没有挽救法国封建制。为了适应新兴资产阶级的要求，一个新经济学派——重农学派在法国出现。其核心观点为：重视生产，强调供给在生产中的重要作用。重农学派的创始人魁奈（Fransois Quesnay，1694—1774年），试图用数字运算和理性演绎的方式去找寻人类社会中的"自然秩序"。通过收集和计算相关统计资料，得出"人类社会和物质世界一样，不以人们意志为转移"这一客观规律。但社会的自然秩序不同于物质世界的规律，它没有绝对的约束力，人们可以以自己的意志来接受或否定，从而建立起社会的人为秩序③。这也是历史上第一次提出并确认了人类社会存在客观规律，从而为政治经济学提出了认识客观规律的任务。此外，在《经济表》中，魁奈也论述了在资本劳动过程中，社会总产品的生产流通表现为社会总资本的再生产过程；在此过程中包含了对各社会阶级收入来源、资本和所得的交换，再生产消费和最终消费，农业和工业之间的流通④。这个论述是总供给和总需求关系的最早体现之一。再者，魁奈还鼓励资本积累，主张税收改革，并提出直接向净产品的占有者——土地所有者征税，其数额应与土地所有者的收入成比例，提高征税效率。因此，我们不难看出，在《经济表》这一著作中，农业产品即社会总产品（总供给）是当前经济循环的起点，重农主义成为这一时代新的经济

---

① ［英］亚当·斯密：《国富论》，郭大力、王亚南译，译林出版社2011年版，第45页。
② ［英］亚当·斯密：《国富论》，郭大力、王亚南译，译林出版社2011年版，第48页。
③ ［英］亚当·斯密：《国富论》，郭大力、王亚南译，译林出版社2011年版，第134页。
④ ［法］魁奈：《魁奈〈经济表〉及著作选》，晏智杰译，华夏出版社2006年版，第78页。

思想引领。

杜阁①（Anne-Robert-Jacques Turgot，1721—1981年）尽管未直接参加重农学派相关活动，但在其《关于财富的形成和分配的考察》一文中，将重农主义发展到最高峰。并且，从社会分工角度划分劳动者在一定程度上克服了魁奈以"净产品"对社会各阶级进行划分的片面性。"社会首先被划分为两个阶级，一个是生产阶级，也就是土地耕作者阶级；另一个是薪资阶级，也就是工匠阶级"；随着社会的进步，"社会再被划分为土地耕种者、工匠和土地所有者三个阶级，或生产阶级、薪资阶级和可以自由支配的阶级"；当资本与劳动分离，"工业中的薪资阶级再划分为资本家性质的企业家和单纯的工人"，"土地耕种者阶级再划分为企业家或农业经营者的单纯的工资劳动者"。因此，他认为"净产品"是来自剩余劳动而非自然的馈赠。他积极推崇降低税率，通过此方法刺激经济，保障资本的原始积累。

重农学派强调了高工资能够促进创新活动和生产性努力，而高税收将对经济产生负面影响，因此主张通过降低税率来促进生产和增加经济的产出。但同时，他们强调消费和总需求的第一性，并不鼓励储蓄和投资，因此重农学派的相关思想并没有完全摆脱之前的重商主义思想的影响，但其所提出的税率与税收的关系、税率与产出的关系等思想，对后来供给思想的产生和发展有重要影响。

（一）古典经济学时期供给思想的缓慢发展

作为古典经济学理论的创立者，亚当·斯密（Adam Smith，1723—1790年）的《国富论》标志着以放任自由思想为核心的古典经济学正式诞生，他也被誉为"经济学之父"。但在此之前，我们还需要梳理在英国经济思想发展历史上，对亚当·斯密产生影响的其他主要的经济学家的观点，理解古典经济学中供给思想的进步与成熟。

威廉·配第（William Petty，1623—1687年），英国古典政治经济学

---

① ［法］杜阁：《关于财富的形成和分配的考察》，南开大学经济系经济学说史教研组译，商务印书馆1978年版。

之父，提出"土地为财富之母，而劳动则为财富之父和能动要素"①。商品的价值和货币的价值都是由劳动创造和决定的。劳动和土地作为生产资料，代表着当前决定供给的两大要素，并且根据配第的观点，劳动支配着供给方面，是决定其他要素的能动要素。劳动的分工能够使生产率提高，降低生产成本。当然，这和后期亚当·斯密在《国富论》中提出分工的重要性有着异曲同工之妙。劳动熟练程度和劳动者素质的提高、科学技术的进步、创新能力的积极发挥等都能够促进供给或是生产的增加，从而拉动经济的增长。这一理论也为后来部分国家为促进经济进步、拉动社会发展、促进产业转型升级制定措施提供了一定的理论基础。

皮埃尔·德·布阿吉尔贝尔（P Pierre Le Boisguillebert，1646—1714年），法国古典政治经济学创始人，主张农业才是创造财富的最重要源泉。他提出"耕种者的繁荣昌盛是一切其他等级的财富的必要基础""一切的财富都来源于土地的耕种""财富和随之而来的税收除土地和人类劳动之外，没有其他来源"②。尽管在今天看来该说法有一定片面性，但却从供给方面提供了研究财富增长的切入点，有着重要意义。同时，他认为能够维持秩序与和平的，不是国家，而是自然本身；但市场秩序也会有失灵的时候，因此放任自由的原则也有例外③，国家需要建立公平和安全的交易机制。

约翰·洛克（John Locke，1632—1704年），英国哲学家。他较为系统地阐述宪政民主政治以及提倡应当尊重人的"自然权利"。主张捍卫人的生命、自由以及财产权。在其1692年发表的《论降低利息和提高货币价值的后果》和1695年《再论提高货币价值》两文中，构建了"价格理论"，并以此作为当时分析国家经济问题的基础，发展

---

① ［英］威廉·配第：《配第经济著作选集》，陈东野、马清槐、周锦如译，商务印书馆1981年版。
② ［法］布阿吉尔贝尔：《谷物论 论财富、货币和赋税的性质》，伍纯武译，商务印书馆1979年版。
③ ［法］布阿吉尔贝尔：《法国详情及补篇》，伍纯武译，商务印书馆1981年版，第134页。

了霍布斯的税收收益交换说，对古典自由主义思想作出了重要贡献。在《论降低利息和提高货币价值的后果》中谈道，"对于交换来说，只有相对价格才是重要的。交换价值只取决于商品的数量与其销售量的比值"①；同理，"货币的价值也有两个，一个是使用中的价值，一个是交换中的价值。使用中的价值体现的是资本货币的价值，其价格表现形式为利率，主要取决于投资的可营利性；交换中的价值则是特例，因其供给可变，需求又总是充分的，所以，公众愿意持有流通货币"②。此外，在《政府论》中，洛克明确将私有财产视为人的自然权利之一，当个人与政府利益相冲突时，否认政府为利维坦，③ 政府的主要职能是要保护个人私有财产，而税收是人民在受到政府保护情况下所缴纳给政府的报酬，因此，政府若要行使其征税权力，必须得到议会的赞成。

达德利·诺斯（Dudley North，1641—1691年），英国经济学家。作为第一个提出自由贸易思想的经济学家，他主张经济自由，坚决反对重商主义的国家干预国内外贸易政策。在其与托马斯·孟、尼古拉斯·巴尔本联合写作的《贸易论（三种）》中，谈到货币的作用在于用来购买商品，人们真正需要的是商品和服务，这一观点和后来供给经济学中强调商品和服务的重要性已有类似倾向。④

大卫·休谟（David Hume，1711—1776年），18世纪杰出的哲学家和经济学家，最早将哲学式的思维方式融入经济思想。作为亚当·斯密的好友，他们的经济思想也最为接近。其研究内容主要有以下三

---

① Locke. John，1696，*Several Papers Relating to Money，Interest and trade，ecteieru*，New York：Augustus M. Kelly，1968，pp. 1，31，71.
② Locke. John，1696，*Several Papers Relating to Money，Interest and trade，ecteieru*，New York：Augustus M. Kelly，1968，pp. 1，75 – 76.
③ [法] 约翰·洛克：《政府论》（下），叶启芳、崔菊农译，商务印书馆1963年版，第18—33页。另见 Locke. John，1690，*Two Treatises of Governments*，*A new edition*，London：Printed for C. and J. Rivington；C. Baldwin，Prister，New Bridge Steeet，London，1824，pp. 144 – 159.
④ [英] 托马斯·孟、尼古拉斯·巴尔本、达德利·诺思：《贸易论（三种）》，顾为群译，商务印书馆1997年版，第78页。

个方面：一是研究了经济动机或"劳动的原因"。在其《人性论》中，他对人性进行了探讨，并引进了经济动机问题，将劳动的原因分为消费、行动、快乐和获得四个方面，因此，真正的财富并不简单等同于金钱。① 二是在最高的道德立场上，对商业和工业社会的合理性进行评价。在其《论艺术的精炼》中，他将自然历史研究的"劳动的原因"当作目的，并将之作为个人幸福的主要成分，通过提供新的消费门路，扩大经济活动的享受范围，并且通过这两者增加快乐意识、促进经济增长②。三是对市场关系的研究，他认为决定利率的是真实资本的供给，因此对经济增长来说，货币数量的增加不一定只是简单地提高物价水平，在一定程度上也可以通过刺激经济活动，为资本提供供给并降低利率，同时，自由价格机制对资源配置也有着支配作用。在国际贸易中，自由贸易可以使各国得到不同资源禀赋的产品，从而获得利益，促进国际经济的长期增长。税收可以对劳动有刺激作用，但有一个最优平衡点，重商主义"贫穷效用"无节制的高税收并不可取，但也不是对劳动征税就会降低供给。同时，休谟提出"只要税收适中，逐渐增加，并且不影响生活需要，这个结果（即工作努力增加）自然而然就会出现"③，也就是说，只有在税收水平比较适中、逐渐增加税收且税收并没有影响生活需要的情况下，才可能出现工作努力的情况。但高税率（或税率大幅提高）会断送勤勉和生产性努力，从而导致产出和总供给萎缩。因此，税收会对生产、产出和经济增长产生深刻的影响，而且很可能是不利的影响，政府应该支持促进并鼓励生产性努力、总供给，从而实现经济增长的政策。

从斯密开始，经济学成为一门真正的学科。其整个理论体系，是从分析分工开始的。"分工"一词最早出现在公元前1世纪色诺芬

---

① ［英］休谟：《人性论》，关文运译，商务印书馆2016年版，第135页。
② David Hume, *Writing on Economics. Ed. Eugene rotwine*, London：Nelson, 1955, pp. xcv – xcix.
③ David Hume, "Of taxes" in idem, *Writings on Economics*, ed. Eugene Rotwein, Freeport, New York：Books for Libraries Press, 1955, p. 83.

（Xenophon）的思想里，由斯密的老师哈奇生（Hutcheson，Francis）正式提出。在《国富论》中，斯密对分工有了较为系统而全面的阐释，并逐渐开始形成一套比较完整的理论。之后，"分工"对促进经济发展的作用逐渐凸显。直到现在，经济发展和进步的根本途径是调整和优化产业结构这一规律仍旧是经济社会发展的重要体现，而这一规律的实质就是优化分工结构。受到休谟的影响，斯密的供给思想与其一脉相承，并在此基础上进行了进一步总结和发展。

在斯密看来，国民财富既不是国家的权利也不是贵金属，而是为国民生产的可在市场上获得的有用商品和服务的供给①。按照索厄尔的说法，"对斯密来说，财富就是真实的商品和服务，而国家的贫困取决于他与其人口成比例的年产出"②。这种财富既是供给侧概念的基础，也是斯密对经济思想重要的贡献所在——总供给增长是财富的性质和原因。斯密强调总供给，而不是总需求，因为他相信大部分产品的需求"可无限扩展"。他并不认为文明商业社会的消费会出现任何极限，因为"文明商业社会会产生社会压力迫使欲望扩张或成倍增加，而自利心则会迫使货币收入领受者迅速支出或者投资"③。

因此，为了增加生产和总供给，斯密总是强调正面刺激劳动力和资本的重要性，他认为这种刺激是增加要素供给从而促进经济增长的必要条件。但与重商学派和休谟的观点不同的是，斯密认为高工资并不会降低工作动机，强烈谴责劳动力供给曲线向后倾斜的观点，并且坚决认为增加工资会促进劳动服务供给增加。④ 当然，除了劳动力供给之外，储蓄也在经济增长中扮演着重要角色，资本积累在斯密看来

---

① Overton H. Taylor, *A History of Economic Thought*, New York: McGraw-Hill, 1960, p. 183.
② Thomas Sowell, "Adam Smith in Theory and Practice", in Gerald P. O'Driscoll, ed., *Adam Smith and Modern Policitcal Economy*, Ames, Iowa: Iowa State University Press, 1979, p. 5.
③ Joseph J. Spengler, "Adam Smith's Theory of Economic Growth-Part I", *Southern Economic Journal* 25, April 1959, p. 403.
④ Adam Smith, *An Inquiry into the Nature and Causes of the Wealth of Nations*, ed. Edwin Cannan, Chicago: University of Chicago Press, 1976: BK. 1.

是经济增长的基本先决条件之一①。因此，资本积累有利于尽可能地扩展劳动分工，有助于增加劳动者人均产出和总产出。所以，对储蓄和投资也是正面鼓励的，并且提倡节俭、储蓄和投资。

斯密支持各种与税收有关的增加劳动力和资本供给的财政政策，他提出的公平、明确、便利和经济四项税收原则表明了他对税收与产出关系的实际认识程度。并且，认为对劳动报酬征税是"愚蠢并具有破坏性的"，因为这种税收会导致就业减少以及"国家土地和劳动力年产减少"②。此外，对各种资本和利润征税会对储蓄和投资产生负向刺激效应，有可能诱使资本外流，从而对经济增长产生不利影响③。因此，高税率既不利于大众收入也不利于总供给和生产④。

因此，斯密承认总供给对于经济增长的第一性，并且总是强调正面刺激生产要素供给的重要意义，这为后面供给学派认识税率与产出和税率与税收之间的关系埋下伏笔。

（二）供给学派的形成和萨伊定律的确定

斯密关于总供给比总需求重要的思想对后续的经济学家产生了巨大的影响。尤其是对让·巴蒂斯特·萨伊和詹姆斯·穆勒而言，他们对斯密这一思想进行了升华，后来被统称为"萨伊定律"。这一定律后来又成为古典供给侧思想的基石，甚至"统治经济思想一直到第一次世界大战为止"。

萨伊在重农学派、斯密和其他学者的基础上集中关注总生产与收入或者购买力之间的关系，因此，被认为提出了"萨伊定律"，其核心主题就是"生产和总供给创造财富并推动经济增长"。如果总供给

---

① Adam Smith, *An Inquiry into the Nature and Causes of the Wealth of Nations*, ed. Edwin Cannan, Chicago: University of Chicago Press, 1976: BK. 1.
② Adam Smith, *An Inquiry into the Nature and Causes of the Wealth of Nations*, ed. Edwin Cannan, Chicago: University of Chicago Press, 1976: BK. 2.
③ Adam Smith, *An Inquiry into the Nature and Causes of the Wealth of Nations*, ed. Edwin Cannan, Chicago: University of Chicago Press, 1976: BK. 2.
④ Adam Smith, *An Inquiry into the Nature and Causes of the Wealth of Nations*, ed. Edwin Cannan, Chicago: University of Chicago Press, 1976: BK. 2.

和总产出没有增加,实际收入就不可能增加;实际收入增长完全取决于实际产出增长,之所以如此,是因为商品生产赋予生产者以购买力,一种商品可用于交换其他商品。随着这种购买力的行使,生产者表达出用自己的产品交换其他产品的欲望,需求也就被表达出来了。很明显,需求从属于生产行为,并且由生产行为所创造。因此,最初的产品可获得性使得交换成为可能,而需求只是被记录下来。供给或者生产增加会导致购买力增加,并且创造需求[1]。同时,该定律还意味着总消费是生产的结果,而不是生产的原因。只要强调生产和供给,需求和消费就会自动出现,因而,需求会自行产生,政府就没有必要专注于维持需求或者消费。

总供给与那些相对于特定需求而言的可能供给过度的特定商品不同,不可能受到过度刺激,因为它是商品生产创造有效需求的手段。因此,萨伊定律的一个核心特点就是没有把重点放在需求或者消费上,而是放在了总供给和生产上,因而也就强调了鼓励要素供给的重要性。根据萨伊定律,强调了总供给是财富创造的基本要素,同时也是经济增长的基本要素。

在强调总供给第一性的同时,萨伊定律的支持者们始终关注鼓励生产要素供给的意义。因此,他们也强调促进生产要素供给的正面刺激的重要作用。资本形成是经济增长过程中的一个关键点,储蓄和投资是促进经济增长和财富形成的关键因素。因此,没有国家可能出现资本过剩。

此外,萨伊定律还有一些内容是与财政和税收政策相关的。既然假定是生产和总供给,而不是需求和支出推动经济增长并创造财富,因此最符合萨伊定律的税收(和支出)政策也就是那些促进总供给的政策,萨伊曾经说"直接鼓励消费并不有利于商业,问题在于消费资料供给,而不是刺激消费欲望。我们已经看到,只有生产才能供给消费资料。因此,好政府的目标就是促进生产,而坏政府的目标就是鼓

---

[1] Thomas Sowell, *Say's Law*, pp. 4, 19-20, 32-33; also Spengler, "The Physiocrats ang Say's Law", p. 191; and Hutt, A Rehabilitation of Say's Law, pp. 6, 7, 27.

励消费……我们不可能否定以下这个结论：最好的税种，或者更确切地说，最不坏的税种……就是影响再生产最少的税种"①。同时，萨伊还强调提高税率"并不会刺激生产阶级加倍努力"②，税收会对劳动力的供给产生不利影响。

此外，资本税会给资本供给带来负面影响，不利于经济增长。大卫·李嘉图（David Ricardo，1772—1823年）也在其著作中阐述了这个观点，他谈道，"政府的政策绝不应该课征最后落到资本头上的税收。如果课征资本税，那么他们就会减少维持劳动力的资金，从而导致国家未来生产出现萎缩"③。

萨伊虽然强调提高税率并不会导致产出增加，但在某些情况下，如果把提高税率增加的收入用于生产项目，提高税率也可能与产出增加联系在一起。比如，加大对国内交通改善的投入、港口建设或者其他公共设施建设。因此，从萨伊等角度看，供给作为生产的第一性，正面刺激有利于经济增长，税率与产出、不同税率之间都有重要关系，这些都是供给侧的特点，同时也成为供给经济学基本原理的重要来源。

（三）供给学派的理论进一步成熟

在古典经济学时期及其之前，资源及生产发展的有限性导致的生产不足和供给不足一直是人类社会的主要矛盾。因此，主流经济思想一直强调以生产、供给为主。随着经济的发展和市场的变化，资本主义社会也从自由主义走向垄断主义，随之产生的经济危机成为影响资本主义经济发展的重要因素。强调需求刺激消费的凯恩斯主义替代了强调供给的古典经济思想，且从20世纪30年代到70年代，一直是西方国家经济思想的核心，经济政策也严格根据其理论内涵所制定。直到20世纪70年

---

① Jean Baptiste Say, *A Treatise on Political Economy or the Production*, Distribution, and Consumption of Wealth, trans. Clement C. Biddle (Boston: Well and LILLY, 1924), bk. 3, pp. 92, 196.

② Jean Baptiste Say, *A Treatise on Political Economy or the Production*, Distribution, and Consumption of Wealth, trans. Clement C. Biddle (Boston: Well and LILLY, 1924), bk. 3, p. 194.

③ Pavid Ricardo, On the Principles of Political Economy and Taxation, Kessinger Legacy Reprints, 1821, p. 166.

代中期，凯恩斯主义的"微调"手段似乎不再起作用，高失业率、高通胀率和生产率增长的大幅放缓，导致人们开始质疑凯恩斯主义。旧经济的衰竭和由此产生的经济滞胀使政界首先开始批判需求学说，而后强调生产和供给的供给学派填补了经济理论的空缺，供给经济学重回历史舞台。

在凯恩斯经济学中，失业率和通货膨胀率相互影响。当失业率下降时，价格面临压力，通货膨胀率上涨。因此，如果通货膨胀率过高，就会采取紧缩的财政政策与货币政策，以减缓经济速度和增加失业率，从而抑制通货膨胀。如果失业率过高，又会实行宽松的货币政策，进行减税或增加开支。若要找到最佳的经济政策，就需要实现二者之间的平衡，即在失业率足够低的情况下，又不会有过高的通货膨胀。但"滞胀"的出现使得现实情况越来越糟糕，凯恩斯主义又无法解决这样的问题。此外，凯恩斯主义更多的不是关于经济增长理论的论述，其施行的目的是管理经济周期，主要是对经济进行预期估计，最小化经济萧条，而不是促进经济的长期增长。

1974年早期，华盛顿经济陷入衰退，福特政府一直找寻新的思路。直到阿瑟·拉弗（Arthur Betz Laffer）和唐纳德·拉姆斯菲尔德（Donald Rumsfeld）的一次讨论，他们通过两条相互垂直的直线和一条曲线，提出政府可以在减税情况下增加财政收入，"拉弗曲线"就此诞生，后其也被称为"供给经济学"的核心理论。

对于"供给侧"（Supply-side）这一概念，最早是由赫伯特·斯坦恩（Herbert Stein）在尼克松政府时期提出的，后被裘德·万尼斯基（Jude Wanniski）简化为"供给经济学"。里根当选总统后，供给经济学开始成为美国主流经济学思想并迅速发展。万尼斯基作为古典经济学复兴的积极推手，撰写了《世界的运作方式》（*The Way the World Works*），该书成为供给运动的圣经。

此外，乔治·吉尔德（George Gilder）在《财富与贫穷》[①] 一书

[①] George T. Nash, "Modem Tomes", *Policy Review*, 84（6），July – August 1997. www.policyreview.org/ju197/thnash.html（accessed 22 November 2005）.

中提出，"要想经济成功，有钱人越多越好"。在对供应学派的相关理论阐述中，他提到，供给才是经济学家应当关注的，应当从供给方面增加社会财富，消灭贫困。"资本主义所提供的给予，其源泉是经济的供给方面"。并且，供给才是经济发展的核心，是在第一位的，供给和需求的顺序是不可颠倒的。他将萨伊定律作为供给学派理论的基本观点，并谈道，"萨伊定律之所以重要，是因为它将注意力集中在供给方面，也就是集中在具有刺激因素的给予和资本的投资方面"。吉尔德主张减税的财政政策，认为减税不仅不会减少政府的收入，还可以刺激储蓄和投资，促进经济的增长，是"拉弗曲线"的赞成者。此外，他还主张削减政府的社会福利开支，以实现平衡预算。

在经济的不景气和激励政策不能有效改善现有的经济状况的背景下，供给经济学对凯恩斯主义提出了正面挑战。劳伦斯·林德赛（Lawrence B. Lindsey）指出，"自从20世纪30年代古典经济学被推翻以来，1981年所兴起的供给经济学是对当前统治经济学最大的挑战"[①]。供给经济学代表了古典经济学的复兴，是古典经济学的重现。

马丁·费尔德斯坦（Martin Feldstein）作为美国新兴供给学派代表人物之一，进一步扩大了供给学派的影响，其理论也成为里根政府制定经济政策的重要依据之一。他谈到，资本主义国家经济出现"滞胀"问题，是源于长期推行凯恩斯主义，政府对经济过多的影响和干预，降低自由竞争，导致市场经济无法自主调节。因此，经济活动受到的干预越小，越能降低通货膨胀和失业率。此外，对经济的增长来说，关键在于储蓄和投资。而美国当前面临的问题，就是供给不足，特别是资本供给（投资）不足，而这种不足正是由储蓄率太低、税率过高引起的。推动生产的发展，加大投资，既可以拉动经济增长，还可以增加政府收入。但对"拉弗曲线"，他有自己的观点。美国经济的"滞胀"，不仅仅是税率过高，还有财政赤字、通

---

① Lawrence B. Lindsey, *The growth Experiment: How the New Tax Policy is Transforming the U. S. Economy*, New York: Basic Books, 1990, p. 5.

货膨胀、税收结构不合理等问题。因此，他描绘了"费尔德斯坦曲线"，以此说明财政赤字、通货膨胀、资本形成率之间存在关系。同时，他建议，就算财政赤字严重，也可以通过一些附加税来弥补赤字，抑制需求过度增长。这和拉弗等学者的"极端的供给学派"不一样，属于"温和的供给学派"①。

通过对西方供给思想的梳理，我们可以发现，供给学派和供给经济学相关思想充分说明了供给在经济学中的重要作用。特别是在面对凯恩斯主义采取需求管理政策无法解决宏观经济问题时，供给学派将调控需求侧转向供给侧，使美国经济出现了一定的复苏，但并没有从实质上解决美国的经济问题。到20世纪90年代，以保罗·萨缪尔森（Paul A Samuelson）为代表的经济学家，再次提出"凯恩斯主义"，尝试解决国际收支失衡等问题，对美国乃至全球经济都产生了重大影响。但2007年爆发美国次贷危机，影响欧洲国家形成"债务危机"，对广大的发达国家和发展中国家经济产生较大冲击，凯恩斯主义再次受到质疑。

二 供给学派的主要理论

通过梳理供给学派和供给经济学的发展过程，我们可以发现：从最初古典经济学时期，以法国重农学派为代表的供给思想的萌芽，到大卫·休谟和亚当·斯密的成熟，再经过萨伊定律（理论起点）、拉弗曲线（理论精髓）、费尔德斯坦曲线（理论补充），供给经济学开始有了自己的理论体系，以下就从这三个角度出发，阐述供给学派主要理论的相关内容。

（一）供给学派的理论起点——萨伊定律

让·巴蒂斯特·萨伊在其《政治经济学概论》② 一书中，论述了生产和需求的关系。他提出，生产为产品创造需求，而生产就意味着

---

① 薛进军：《马丁·费尔德斯坦》，《世界经济》1984年第6期。
② ［法］让·巴蒂斯特·萨伊：《政治经济学概论》，赵康英等译，华夏出版社2017年版。

供给，由此推导出，供给创造需求。"一个用自己的劳动创造某种效用，并将价值赋予某些物品的人，不能期待有人赏鉴和付钱购买这个价值，除非其他的人具有购买这个价值的手段，也就是劳动、资本和土地的果实的其他产品。这就意味着，生产为产品创造需求"。而此时的货币，仅仅只是转移价值的手段。"货币的效用在于将顾客想买你的货物时卖出自己的货物的价值转移到你的手中。所以只是暂时将变成金钱形式的产品的价值去购买需要或者喜欢的东西而已"。所以，销售不畅并不是缺乏货币，而是缺少其他产品。而如果某一种产品过剩没有销路，也并不是货币短缺造成，是因为这个商品没有满足需求，或者是说没有满足有效需求，而货币，仅仅是用于换取自己所需要的商品。值得注意的是，"一种产品从被生产出来的那一刻起，就为价值完全与之相等的其他产品提供了销路"，而"某一种产品之所以会发生过剩，是由于它的供给超过需求。导致这种情况出现的原因，或许是生产过多，或许是别的产品生产过少"。

萨伊还谈道，依靠鼓励单纯的消费实际上对商业的发展并无益处，因为促进商业发展的实际困难在于如何提供消费的手段，并不在于如何刺激消费的欲望，实际上只有生产才能够提供这些手段。所以，萨伊除了强调"生产给产品创造需求"这一理论之外，还反对政府对经济生活和市场进行干预。在追求经济增长上，应当从供给或生产角度出发，需求是会随着供给增长而增长的，供给才是解决问题的重点。不过，这样的观点马克思和凯恩斯都持批判态度。

通过以上阐述，我们可以得出：萨伊定律的思想就是供给会创造其自身的需求，将其一分为二，可以更好地理解这个定律。对于物物交易，萨伊定律可以被还原成一个恒等式，即"一农夫供给市场的奶牛本身就是他对其他商品的（有效）需求"。由于没有出现货币，商品之间直接进行交易，所以商品同时就是价值相等的供给和需求。当货币进入交易以后，萨伊定律就不再是恒等式了，而只是一个等式，并且可以被简单地表述为供给商品的总价值等于需求商品的总价值，原因就在于商品卖家只有在有了货币且有购买其他商品的需求时，才会为了获得货币而卖出商品。

凯恩斯在《就业、利息和货币通论》开篇就对萨伊定律进行了驳斥[①]，然后进行了产出和就业水平会对消费者的需求作出回应的推论。在凯恩斯看来，政府在经济中的主要作用就是通过财政政策和货币政策来维持适当的总体需求或者总需求水平。由于资本主义国家的政府似乎能够控制货币供应量——需求手段，于是，政府的领导人就认为自己因此能够影响任何其他物品的供给。需求可以被操控，经济学家和官僚们就开始研究它，而供给逐渐变成了衍生物，甚至提出"有需求就会有供给"。凯恩斯表示，即使经济没有发生萧条，也有可能促使人们进行储蓄，放弃当前消费，而为自己未来做准备。但是，如果大多数人都决定少花钱多存钱，意味着收入会因为缺乏消费需求并导致投资下降而大大减少。最后，人们可用于储蓄的钱也会减少。所以，凯恩斯也不得不承认投资会因为"资本边际效率"和"有效需求"而不会发生。当然，这两个改良在一定程度上又肯定了萨伊定律，证明了供给第一性。

马克思在《资本论》第一卷中也对萨伊定律进行了批判。他谈到，简单的商品生产是为了自身消费，但资本主义商品生产，是为了获取剩余价值和利润，这样的商品生产不会因为没有消费需求就停止；此外，商品货币交换关系，即 W—G—W 的商品流通方式，在萨伊这里是简单的物物交换，货币仅仅是媒介，所以才会出现买卖均衡。但在实际商品交换过程中，买与卖并不是同时进行的，生产者此时卖掉商品获得货币，不一定马上就会用货币购买新的商品，这样就会导致货币滞留，供求失衡。此外，货币除了是流通手段之外，还有支付功能，而随着经济的发展，商品的获得和货币的获得可以不再同时进行，甚至可以延期支付，进一步增大了发生经济危机的可能性。而萨伊定律，正是犯了这两个错误。所以，马克思在对萨伊定律进行批判时写道，"在这里，经济学辩护论者的方法有两个特征。第一，简单地抽去

[①] John. Maynard Keynes, *The General Theory of Employment, Interest, and Money*, New York: Harcourt, Brace & World, 1964, pp.19–22 and passim.

商品流通和直接的产品交换之间的区别,把二者等同起来。第二,企图把资本主义生产当事人之间的关系,归结为商品流通所产生的简单关系,从而否认资本主义生产过程的矛盾"①。

(二) 供给学派的理论精髓——拉弗曲线

拉弗曲线在供给经济学中占据了重要的位置,甚至有经济学家提出,拉弗曲线就是供给经济学。但实际上以拉弗和万尼斯基为代表的供给学派,更多是从政策上提出如何解决美国所面临的滞胀问题,以及如何重振经济、实现供给的增加。

拉弗认为,调高税率会通过消除激励来影响工作,从而导致产出减少,进而减少政府的税收收入。拉弗曲线表明,调高税率并不能使政府的税收收入无限期和无限制地增加。调高税率超过了临界点后反而会导致较少的税收收入,这种结果是基于一种人们对调高税率作出的简单而又基本的回应。

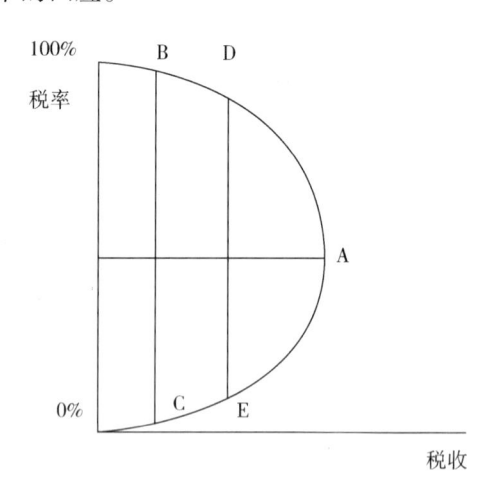

图 2-1 拉弗曲线

通过图 2-1 我们发现,实际情况并不是税率越高税收收入就越高。其中存在一个拐点 A:在 A 点以下,税收收入会随着税率增加而

---

① 《马克思恩格斯全集》(第 44 卷),人民出版社 2001 年版,第 136 页。

增加，A 点以上，税收收入会随着税率增加而降低。因此，政府不能一味地通过提高税率增加税收收入。同时，C 点和 B 点税率尽管不一样，但所带来的税收收入是一样的，那么同样的税收收入，为什么一定要高税率呢？这也是拉弗税收给政府的启示。

同样，我们也可以从中分析出税率和工作需求量之间的关系。通过图 2-2 我们发现，随着税率的调高，工作需求量会减小。这也是拉弗曲线的最简单体现。

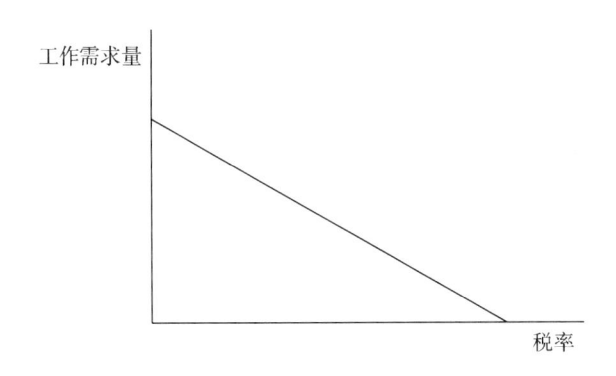

图 2-2　工作需求量取决于税率

此外，拉弗曲线还证明了一家单位成本不变，并有一条线性需求曲线的企业如何能使自己的利润最大化，如图 2-3 所示。随着价格的上涨，需求量就会逐渐减少。最初的情况是价格上涨，需求量减少，总收入增加；但当数量减少超过价格上涨，有可能引起总收入和税收收入的减少。同时，调高税率，还可能使工人工作欲望降低，总产出减少，进而税收收入减少。

拉弗所谈到的供给经济学更多地认为刺激工人努力工作的必要手段是奖励，通过加强奖励来鼓励生产。由于征税会导致有效薪酬减少，因此，政府的行为可能会导致产出减少。传统的理论认为，我们不可能提前预判调低税率会刺激还是阻碍工作意愿[①]。收入效应——表明

---

① Richard A. Musgrave and Peggy B. Musgrave, *Public Finance in Theory and Practice*, New York: McGraw-Hill, 1973, p.407.

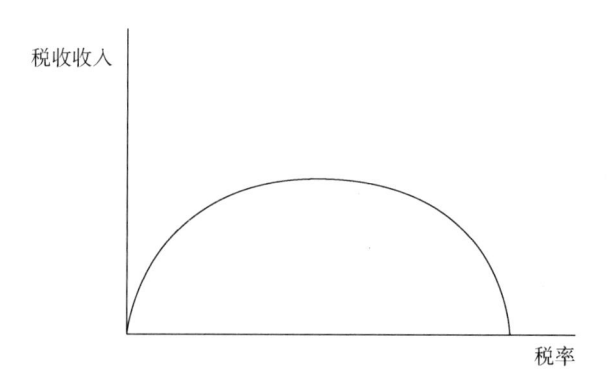

图 2-3　税收收入取决于税率

在报酬较低时就需要更多的工作——有可能大于替代效应，但也有可能小于替代效应——相对休闲工作的成本有所下降。拉弗将全体纳税人和转移支付领取者合并在一起，由于前者的损失成为后者的收益，因此，拉弗声称两者的收入效应为零，剩下的两者的负替代效应，会导致收入和产出减少[①]。

拉弗曲线为理解供给侧对经济产生重要影响起到了解释作用，并提醒我们在进行经济决策时要将其考虑进去。当然，减税多少才会对经济产生积极的影响，或者说减税多少才能提高生产力，有待进一步研究和分析。但至少在里根时代，拉弗的观点解决了凯恩斯主义所带来的问题，促进了美国经济的发展。

（三）供给学派的理论补充——费尔德斯坦曲线

费尔德斯坦作为供给学派的代表之一，从另一个角度对供给的作用进行了阐述。费尔德斯坦面对"滞胀"，提出从减轻财政赤字压力角度出发，来解决经济中的问题，这与拉弗以"减税"直接削减财政收入的"极端的""激进的"供给学派，是有一定区别的。他认为"增加投资才是产业上升的真正原因"，而投资源于储蓄，所以经济增长的

---

① Arthur B. Laffer, "An Equilibrium Rational Macroeconomic Framework", *in Economic Issues of the Eighties*, ed. Nake M. Kamrani and Richard Day, Baltimore, Md.: Johns Hopkins University Press, 1980.

关键点在于储蓄和投资。此外，他认为美国所面临的问题是供给不足，尤其体现在资本的供给方面。资本供给不足源于储蓄不足，储蓄不足源于储蓄率太低和政府税率太高，归根结底，还是政府的原因。所以他主张放弃赤字的财政政策和减税，通过刺激个人和企业经济，扩大投资和生产，这样可以增加政府收入。但单纯依靠减税政策不能解决充分就业和经济增长问题，还需要依靠调整税收结构、降低财政赤字等政策。为此，他提出了"费尔德斯坦曲线"（Feldstein Curve），通过该曲线体现财政赤字、通货膨胀和资本形成率三者之间的关系。具体如图2-4所示。

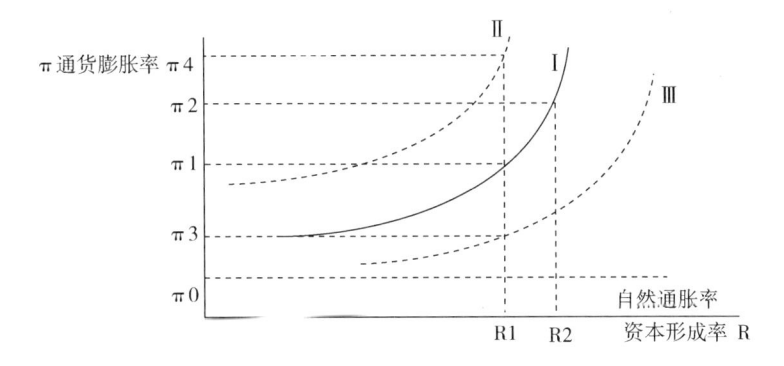

图2-4 费尔德斯坦曲线

在既定的财政赤字水平Ⅰ下，资本形成率从R1上升到R2，通货膨胀率对应也会从π1上升到π2；反之，若通货膨胀率下降，资本形成率也会下降。若财政赤字水平进一步恶化，曲线Ⅰ向左移动到曲线Ⅱ位置，则为了保证原有的资本形成率R1，就必须将通货膨胀率提升到π4；相反，若政府财政好转，曲线Ⅰ向右移动到曲线Ⅲ的位置，维持原有资本形成率R1，通货膨胀率可以降低到π3，这样更有利于社会的稳定。当财政预算实现平衡时，也会有一个自然通货膨胀率π0，但这个通货膨胀率对财政赤字和资本形成率没有任何影响，其弹性为无限大。

费尔德斯坦曲线体现了与拉弗等供给经济学派的其他经济学家的

区别。此外,该曲线还对凯恩斯传统经济政策——菲利浦斯曲线进行了说明和批判。菲利浦斯曲线说明通货膨胀率和失业率是成反比的关系,因此希望能找到一个通货膨胀率和失业率的最优组合。费尔德斯坦承认在短期的非充分就业条件下菲利浦斯曲线是有效的,加大财政赤字能够降低失业率,宏观需求管理是有效的;但当实现充分就业(自然失业率出现)时,它的替代效应消失了,这时菲利浦斯曲线被费尔德斯坦曲线所替代,就需要从供给方面去解决经济问题。

三 供给学派的现实讨论

通过以上梳理,我们发现,供给理论的源头应当在古典经济学,古典经济学在其发展过程中对供给的重要作用、影响和决定因素等进行了系统研究。从重商主义和重农主义、休谟和斯密,到萨伊和穆勒,再到拉弗、吉尔德、费尔德斯坦,古典经济学家都重视供给、强调供给对经济的作用。而后的凯恩斯主义针对供给学派提出"强调总需求,创建有效需求"的理论对供给经济学有一定的批判性。在此基础上,结合供给侧结构性改革理论,笔者进一步探讨并总结了供给学派思想与供给侧结构性改革理论的区别和联系。

(一)供给学派的理论不是供给侧结构性改革的指导理论

习近平总书记提到,"我们讲的供给侧结构性改革,同西方经济学的供给学派不是一回事,不能把供给侧结构性改革看成是西方供给学派的翻版,更要防止有些人用他们的解释来宣扬'新自由主义',借机制造负面舆论"[①]。

供给侧结构性改革是基于中国特色社会主义市场经济这一制度背景所提出,与西方供给学派的市场经济制度背景不一样,由此也反映出,对供给学派提到的供给侧改革,我们不能照抄照搬。供给侧结构性改革以中国特色社会主义市场经济体制作为制度背景,坚持以满足

---

① 习近平:《习近平著作选读》(第一卷),人民出版社2023年版,第441页。

人民对美好生活的需要为社会主义生产的根本目的。公有制的主体地位，按劳分配为主体的分配方式、新发展理念、"有效市场"和"有为政府"的优势、扩大开放、构建人类命运共同体和党对经济的领导等都是中国特色社会主义市场经济的特点和优势，这都说明了我们不能照搬供给学派的供给侧改革。

在宏观经济背景方面，供给学派兴起于西方资本主义国家通货膨胀率高、经济增长速度低这一"滞胀"的背景，此前占据主导地位的凯恩斯主义的需求管理政策已经不能解决经济负增长的问题。在美国，共和党的保守政策与供给学派的经济思想相结合形成"里根经济学"，尝试解决这一问题。而中国当前宏观经济背景与之明显不同。

在经济目标和具体政策方面，供给侧结构性改革所要解决的问题在于供需结构的失衡，这与西方国家要解决的失业、经济衰退和通货膨胀率高不一样。首先，我们供需结构的失衡体现在有效供给不足，低端供给过多，中高端供给不够。随着居民收入水平的提高，需求结构的个性化和高端化使其对消费品质和个性的追求逐渐增长。而传统的煤炭、钢铁等行业产能严重过剩，利润水平下降，导致市场所需要的高品质个性化消费品供给不足。因此，供给侧结构性改革是从供给侧角度出发，通过供需关系中的主要方面，来解决结构性矛盾和问题。其次，供给学派强调的是从供给出发，将供给与需求对立起来，所采取的政策也都是以供给为主导，从而忽视了需求的反作用。而供给侧结构性改革，无论是从理论上还是实践上，都是全方位改革，统筹供给与需求两个角度，矛盾的主要方面在供给，但绝不是放弃需求管理。供给和需求都要抓，只是供给结构的调整是主要方面。我们推行的是"供给侧+结构性+改革"这一模式，采用改革的手段对要素配置进行矫正与优化，推进结构调整，实现有效供给的增加，促进全要素生产，最终以高供给质量的产出满足人民群众的需求。最后，在供给侧结构性改革过程中，政府的作用是宏观调控，但对资源的配置起基础作用的还是市场，这与供给学派理论中完全发挥市场调节作用，而放松政府管制经济的力度是不一样的，且政府的主要措施也只体现在减税和放松管制方面,而供给侧结构性改革强调的简政放权、放管结合、优化服务等,是要放宽市场准入、深化企业改革、鼓励创新发展,通过改革来提高全要素生产率,形成经济长期、持续、稳定的增长。

(二)供给经济学相关理论只能作为供给侧结构性改革的参考理论

供给学派的改革措施可以为供给侧结构性改革提供政策借鉴。通过调动个人和企业的积极性来促进供给的增加,减税和减少政府干预、重建市场机制,恢复企业家精神,促进经济增长等,这些具体改革措施都对供给侧结构性改革有一定的启示。

供给经济学是资本主义社会经济发展的产物,主要表现在以下两个方面:第一,供给经济学尽管没有完整的理论体系,但在分析对象和分析方法上,突破了凯恩斯主义一味强调总需求分析和需求管理的政策主张,让人们把研究的方向从需求转向了供给。凯恩斯主义仅仅强调了财政政策对总需求的影响,经济行为主体和总供给对经济的影响却被忽视了,而实际上能够使经济保持长期增长的因素是在供给方面。因此,供给经济学强调从各方面改进总供给,这也是当前经济发展的一大突破,给学界研究经济发展提供了新的思路和视角。第二,供给经济学以拉弗曲线作为理论指导,并以减税为主要政策对复苏美国经济确实起到了一定的积极作用。通过"里根经济学"的实践,供给经济学也发挥了它的作用。第三,供给经济学重视供给对经济增长的作用,从供给角度入手,提出和制定经济政策、确定经济重点,从而增加供给,这对于我们促进经济增长有一定的借鉴意义。此外,供给经济学强调减少政府干预、减轻社会税收、提高人们的工作积极性、提高就业率等,对我们搞活经济、解决就业问题也有启示性。

除此之外,我们也不能过高地估计供给经济学对经济发展所起的作用。经历了"里根经济学",美国经济得到了复苏,但经过一段时间的发展,美国的劳动生产率和资本投资率并没有明显的提高,财政赤字也越来越大。后来的总统也并没有继续坚持"里根经济学",新凯恩斯主义及其政策主张再次成为官方经济学。值得注意的是,我们当前的"供给侧结构性改革"不能与"供给经济学"混为一谈。供给经济学强调的是供给方面，但主要是通过大规模减税刺激劳动力增加供给，从而减低失业率，扩大政府税收，这种供给方式的改变与中国当前经济的发展不匹配。此外，我们所提出的供给侧结构性改革，包括适当的减税降费，但更强调的是通过调整经济结构和经济转型来改善供给，解决经济发展中的短板问题，使经济更具活力，让总供给和总需求逐步恢复到均衡状态。

第三章 供给侧结构性改革的理论与马克思的供给和需求理论

相较西方经济学对供求关系的分析,马克思在研究供求关系时,更多的是深入背后的经济关系,因为从再生产角度看,供给与需求之间的区分实质上是相对的,并且在再生产阶段不断重复,例如两个企业相互购买产品,那么供给者也是需求者。因此,马克思认为,"资本主义生产的实际的内在规律,显然不能由供求的互相作用来说明",对社会经济规律的认识,应当"撇开由供求变动引起的假象来进行考察"[①]。

尽管马克思理论体系中没有系统的供给需求理论,但从其著作中我们能够梳理出很多有关供求关系的分析。历史唯物主义中生产力与生产关系、经济基础与上层建筑的分析,政治经济学中劳动价值论、剩余价值论等都研究了供给需求之间的关系。一般来说,马克思对供求关系的分析直接体现在社会再生产理论中的平衡分析、失衡分析以及失衡所导致的生产过剩和根源分析,通过实行有计划的调控解决失衡问题。

一 马克思供求关系的理论基础

(一)辩证唯物主义与历史唯物主义

辩证唯物主义和历史唯物主义是相互渗透、相互支撑的,二者是

---

① 《资本论》(第三卷),人民出版社2004年版,第211页。

不可分割的。辩证唯物主义是研究自然、社会和思维运动发展的普遍规律的一般世界观和方法论，其辩证唯物主义思想贯穿于对自然界及其规律的认识中，也贯穿于社会历史发展及其规律的认识中。从另一个角度来讲，辩证唯物主义实质上包含了历史唯物主义的基本原则和内容，历史唯物主义是围绕辩证唯物主义这一核心在社会历史发展领域展开的，所以没有辩证唯物主义就没有历史唯物主义。同理，若将历史唯物主义从辩证唯物主义中剥离出来，就只能是自然的唯物主义，不再是辩证唯物主义，所以没有历史唯物主义就没有辩证唯物主义。

辩证唯物主义是用物质来解释世界统一性的唯物世界观，既强调世界和规律的客观性，也强调人在自然和社会面前具有能动性。人的生存与发展依赖于客观世界，但在客观世界面前不是消极被动的，而是具有主体性和能动性，其能动性体现在改造世界的实践活动中。实践是介于思维和存在之间的，是认识的来源和发展动力，也是检验认识是否正确的标准。马克思主义哲学深刻地揭示了实践的重要作用，并充分强调了实践的能动性。

辩证唯物主义强调了普遍联系和发展的观点，为我们展现了世界运动变化的前进方向。唯物辩证法中对立统一规律、量变与质变规律、否定之否定规律等，都是对运动、变化和发展规律的重要体现。对立统一规律阐述了事物的发展不是由外在原因所主导的，而是源于矛盾这一内在动力；量变与质变规律说明了事物的发展不仅仅是量的简单变化，更是通过积累的量变引起质变，否定之否定规律则说明了任何事物的发展都不会是一帆风顺的，但无论道路如何曲折，最终前途都是光明的。

在《德意志意识形态》中，马克思、恩格斯对历史唯物主义的基本原理进行了全面的阐述，提到"这种历史观就在于：从直接生活的物质生产出发来考察现实的生产过程，并把与该生产方式相联系的、它所产生的交往形式，即各个不同阶段上的市民社会，理解为整个历史的基础；然后必须在国家生活的范围内描述市民社会的活动，同时从市民社会出发来阐明各种不同的理论产物和意识形式，如宗教、哲学、道德等等，并在这个基础上追溯它们产生的过程……这种历史观和唯心主义历史观不同，它不是在每个时代中寻找某种范畴，而是始终站在现实历史的基础上，不是从观念出发来解释实践，而是从物质实践出发来解释观念的东西"①。由此可见，历史唯物主义的核心思想包含了以下内容：其一，物质生产是整个社会存在和发展的基础，没有物质生产社会将不再存在和发展；其二，社会存在和社会意识的关系，经济基础和上层建筑的关系，生产力和生产关系的关系；其三，人是社会实践的主体，社会发展的动力和社会形态更替的规律，阶级与阶级斗争等。这些核心思想对人类社会发展的广泛规律及共有的结构方式进行了揭露，为了解社会历史的过程与发展提供了具有普遍意义的理论和方法。

人类的实践活动是社会生活的本质，影响着社会生活的发展；社会规律是在人类实践中所形成的总结，因此又必须通过人类实践来实现和检验。但实践的成功与否、实践的正效应与负效应，又取决于人类的实践活动是否符合规律。因为人类的实践活动其实并不创造规律，规律是在实践中所形成的各种一般性关系，同时也不受实践者的任意支配。当然，规律的形成可能需要较长的时间，例如生产力对生产关系有决定性作用的规律，怎样找到与生产力发展相适配的生产关系的规律，需要不断的实践和较长时间的探索才能形成。中国经济社会的生产关系，也是在不断调整与改革的基础上，适应和促进生产力的发展。

历史唯物主义主张经济在社会发展中起最终决定作用，但有影响作用的并不只是经济这一因素，还会存在社会、政治因素等。因此，要从生产方式中的矛盾即生产力与生产关系矛盾运动中来分析社会现象，既要思考生产力与生产关系所产生的矛盾，也要考虑到上层建筑的作用。在人类经济社会发展中，各种因素都会发挥作用，但归根结底起决定性作用的是物质资料的生产方式。

---

① 《马克思恩格斯全集》（第3卷），人民出版社1960年版，第42—43页。

第三章 供给侧结构性改革的理论与马克思的供给和需求理论

历史唯物主义的本质，首先，以人与人之间的具体活动为立足点，由社会生活的主客体结构出发，对社会结构进行更深入的考察，同时对进行社会实践的人，也需要放入发展的社会结构予以考察。所以，在人类社会发展中，历史唯物主义是一般规律的理论。其次，人要进行创造活动，必须满足一定的历史条件，而此历史条件是既定的，因而历史条件对人的活动是有制约作用的。所以，人的主观愿望和抽象本性都不会决定人的本质，而人所生活的社会以及社会的生产方式才是决定人的本质的根本性因素。

马克思提出，"他们是什么样的，这同他们的生产是一致的——既和他们生产什么一致，又和他们怎样生产一致"。[①] 历史证明，每一种所有制形式和社会关系出现，其实质是源于社会和制度的发展，必须在制度与社会进入一定的发展程度后，才能被特定人群创造，这一过程是自然历史的过程。因此，只有承认社会发展的规律，才能正确处理社会生活的主客体关系、人与自然的关系。

生产关系与生产力的矛盾运动，是对社会发展有推动作用的重要运动之一。通常，生产关系适应生产力的发展，即说明了在这个生产关系下所产生的所有制制度和分配制度既对生产者有益，也对生产资料的所有者有益，二者不产生冲突，并能和谐相处；但当生产关系不适应生产力的发展，甚至阻碍其发展时，则在这个生产关系下所产生的所有制制度仅对生产资料的原所有者有积极效果，而与新占有者的利益相悖。生产力与生产关系的矛盾在社会主义社会表现为人民内部利益分配的矛盾，若将人从中剥离出来，就不存在生产力与生产关系的矛盾规律。人的利益的实现不能违背生产力与生产关系的矛盾规律，相反，只有在适应这个规律的要求时才能满足人自身的利益要求。作为历史发展的既定力量，生产力无法自由选择；此外，生产关系也一样，因而仅能够以生产力发展状况为基础，进行匹配生产力发展水平的生产关系的选择。因此，在经济社会发展过程中，人只能在一定条

---

① 《马克思恩格斯选集》（第1卷），人民出版社1995年版，第68页。

件下，以生产力发展状况为基础，选择对利益主体及生产力发展有积极影响的生产关系。

社会存在与社会意识是社会发展中不可缺少的两个部分，社会存在不是人的个人存在，而是人的社会存在；社会意识是社会的意识，而非个人的主观意识。社会存在决定社会意识揭示了不同社会形态下会有不同的社会意识；若在大致相同的社会条件下，个人的意识或社会的意识还取决于社会存在的状况和人们在社会存在中的地位。两者之间的关系是现实的人在现实活动中的社会意识与社会存在的关系。因此，马克思提到，人的社会意识，是客观上人对实际生活的反映，社会存在是人的实践活动与实际生活的过程。作为社会的主体，人能够创造社会中的一切，但是社会意识与社会存在是人无法任意创造的。

恩格斯将历史唯物主义总结为马克思一生中的两个伟大发现之一，他谈道，"马克思的唯物史观帮助了工人阶级，他证明：人们的一切法律、政治、哲学、宗教等等观念归根结蒂都是从他们的经济生活条件、从他们的生产方式和产品交换方式中引导出来的。由此便产生了适合于无产阶级的生活条件和斗争条件的世界观"[①]。历史唯物主义正是由于它严格的科学性和代表全世界劳动者的利益，使其在理论与实践两个方面都显示出了不可抗拒的说服力。

辩证唯物主义和历史唯物主义的科学世界观和方法论，为我们认识世界、改造世界提供了强大的思想武器，作为马克思主义的根本内容和核心要义，无论是从理论层面还是实践角度，都将作为指导社会改革和社会发展的重要原理。

（二）马克思主义政治经济学

马克思和恩格斯提出，"政治经济学，从最广的意义上说，是研究人类社会中支配物质生活资料的生产和交换的规律的科学。生产和交换是两种不同的职能。没有交换，生产也能进行；但没有生产，交

---

① 《马克思恩格斯全集》（第21卷），人民出版社1965年版，第548页。

换——正因为它一开始就是产品的交换——便不能发生"①。根据此定义，我们可以发现，政治经济学的研究对象是生产关系，是人们在社会生产过程中所形成的社会经济关系，对这个生产关系的研究不是孤立地研究生产关系本身，而要研究生产力与生产关系的矛盾以及两者之间的影响与作用。相较自然科学，政治经济学无法通过实验和数据来寻求解决问题的方法，而只能由唯物辩证法和唯物史观来解决相关问题。

同时，马克思提到，"随着历史上一定社会的生产和交换的方式和方法的产生，随着这一社会的历史前提的产生，同时也产生了产品分配的方式和方法。……随着分配上的差别的出现，也出现了阶级差别。可是分配并不仅仅是生产和交换的消极的产物，它反过来又同样地影响生产和交换。新的生产方式和交换形式必须经过长期的斗争才能取得和自己相适应的分配"②。这也是当前为何要创新生产方式适应新时代下生产力变化的重要原因。

综上所述，坚持辩证唯物主义和历史唯物主义的世界观和方法论，以劳动价值论和剩余价值理论为主要内容，正是马克思主义政治经济学的重要内涵和特点。劳动价值论和剩余价值论是马克思主义政治经济学的理论核心，以下就从这两个角度出发，阐述马克思有关供求关系的理论基础。

1. 对劳动价值论的评述

马克思谈道，"物的有用性使物成为使用价值。但这种有用性不是悬在空中的。它决定于商品体的属性，离开了商品体就不存在。因此，商品体本身，例如铁、小麦、金刚石等等，就是使用价值，或财物"③。对使用价值的这一论断，明确了使用价值是要满足人的需要，是具有"有用性"。使用价值只在使用或者消费中才能体现出来，因

---

① 《马克思恩格斯全集》（第20卷），人民出版社1971年版，第160页。
② 《马克思恩格斯全集》（第20卷），人民出版社1971年版，第161—162页。
③ 《资本论》（第一卷），人民出版社2004年版，第48页。

此，使用价值是构成社会财富的重要内容。而交换价值，"首先表现为一种使用价值同另一种使用价值相交换的关系或比例，这个比例随着时间与地点的不同而不断改变"①。由此可见，商品之间的质的区别体现在使用价值上，而商品之间的量的差别体现为交换价值。如果对商品的使用价值不作考量，那么商品就只是"劳动产品"，只是被生产出来而不具有任何社会意义。伴随着"有用"这一特性的消失，各种劳动的"有用"性质也将不复存在，劳动的具体形态也消失了，最终剩下的，只有相同的人类劳动，即抽象人类劳动。这一抽象劳动，就是无差别的人类劳动的凝结，体现了在生产上耗费和积累的人类劳动力，因此，它们就是价值。在商品的具体交换中，交换价值与使用价值是不存在任何关联的，只有商品的价值才会有影响。能够看出，商品的使用价值或者说商品有价值，是因为有抽象的劳动物化在商品里。在此情况下，又该如何衡量商品的价值量呢？那只有用劳动时间来进行衡量，但并不意味着劳动时间越长价值量越大。例如，由于劳动效率低下导致劳动时间长，是否商品的价值量就大呢？当然，只有社会必要劳动量，或生产商品的社会必要劳动时间，才能决定商品的价值量。

在一社会中，如果生产某种商品的社会必要劳动时间没有变化，那么商品的价值量也不会发生变化。但这一劳动时间可能随着劳动生产力本身的变化而变化，例如工人的平均熟练程度、整个社会的科学技术发展水平以及该技术在生产领域的应用程度、生产资料的拥有规模和效能、当前社会发展的自然条件等。因此，劳动生产力的能力越高，所耗费的社会必要劳动时间就越少，凝结在其中的劳动量就越小，该物品的价值就越小，故而商品的价值会受到劳动生产力的影响。生产商品，不只是生产个人使用价值，也需要生产社会使用价值。只有满足了社会的需要，这一商品的使用价值才能真正实现。

商品中包含的劳动的二重性，是理解政治经济学内涵的枢纽。

---

① 《资本论》（第一卷），人民出版社2004年版，第49页。

"各类使用价值或商品体的总和,表现了同样多种的、按照属、种、科、亚种、变种分类的有用劳动的总和,即表现了社会分工。这种分工是商品存在的条件"①。由此可见,社会分工对商品生产有促进作用,但是社会分工的存在,并不以商品生产为条件,有分工但产品不一定是商品,商品是作为独立的私人劳动的产品。所以,要创造使用价值,必然需要劳动。而有用劳动,是并不随着社会形式的变化发生变动的、客观存在的人类生存条件。

生产力决定了有目的的生产活动在一定时间内的效率,是具体的、有用的劳动生产力。所以,"有用劳动成为较富或较贫的产品源泉与有用劳动的生产力的提高或降低成正比。相反地,生产力的变化本身丝毫也不会影响表现为价值的劳动"②。因此,生产力的变化并不会影响同一劳动在同样时间内提供的价值量,但会影响其所提供的使用价值量,当生产力提高时,使用价值量也会增加,反之则会减少。所以,马克思将劳动的二重性总结为以下内容,"一切劳动,一方面是人类劳动力在生理学意义上的耗费;就相同的或抽象的人类劳动这个属性来说,它形成商品价值。一切劳动,另一方面是人类劳动力在特殊的有一定目的的形式上的耗费;就具体的有用的劳动这个属性来说,它生产使用价值"③。

如果我们把价值直接作为使用价值,就陷入了庸俗政治经济学的泥淖;若把价值与使用价值相分离,那么又会使我们对价值的理解陷入唯心主义。由此可见,价值理论作为马克思主义政治经济学的基础理论非常重要,离开了科学的价值理论,根本无法分析一切经济现象。

2. 对剩余价值论的评述

长期以来,剩余价值范畴在大部分情形下被看作资本主义经济独有的,并不适用于社会主义经济。实际上,坚持从实践出发,客观认

---

① 《资本论》(第一卷),人民出版社2004年版,第55页。
② 《资本论》(第一卷),人民出版社2004年版,第59—60页。
③ 《资本论》(第一卷),人民出版社2004年版,第60页。

识和利用剩余价值论，对推动社会主义经济发展是有利的。

剩余价值论是马克思主义政治经济学的基石。剩余价值是剩余产品的价值形式，但这一价值形式并不等同于《资本论》中的剩余价值。在资本主义生产关系中，剩余价值是剩余产品的特有社会形式，是由资本主义雇佣劳动所产生的。但若将其从雇佣劳动中剥离出来，就可以成为剩余产品的价值形式，从而帮助我们认识剩余产品的运动规律。马克思把剩余价值看作在一定劳动生产率基础上、在商品经济不同发展阶段上所共有的。他指出，"重农学派正确地认为，一切剩余价值的生产，从而一切资本的发展，按自然基础来说，实际上都是建立在农业劳动生产率的基础上的。如果人在一个工作日内，不能生产出比每个劳动者再生产自身所需的生活资料更多的生活资料……那就根本谈不上剩余产品，也谈不上剩余价值"①。同时，"劳动产品只是在它们的交换中，才取得一种社会等同的价值对象性"②。也就是说，只有存在商品交换，劳动才能表现为价值，剩余劳动才能表现为剩余价值。作为劳动时间的凝结，价值是物化的劳动；而剩余价值也是剩余劳动时间的凝结，是物化的剩余劳动。由此，我们可以发现，剩余价值的产生，是基于一定的劳动生产力水平，并需要有一定的商品交换关系存在，劳动产品与劳动在交换后，才表现为价值，而剩余劳动产品和剩余劳动经过交换才能表现为剩余价值。综上所述，剩余价值是基于一定的劳动生产力和生产关系的，存在于商品经济的不同发展阶段。

马克思对剩余价值的阐述，一方面揭示了资本主义生产关系的本质——获得剩余价值；另一方面也说明在其他社会发展阶段，应当把握剩余产品的运动规律，推动经济社会的发展。马克思将劳动产品分为了 C、V、M 三个部分③，C 代表的是不变资本，即用于补偿生产中

---

① 《马克思恩格斯全集》（第25卷），人民出版社1974年版，第885页。
② 《马克思恩格斯全集》（第23卷），人民出版社1972年版，第90页。
③ 《资本论》中马克思将劳动产品分为不变资本、可变资本和剩余价值三部分，并用 C、V、M 分别对其进行表示。

所消耗的物质部分，是为了社会再生产的需要，在生产的过程中，也不会有价值量的变化，因此不能够直接用于生活消费；V 表示可变资本，反映的是劳动者的物质手段，价值在生产过程中会出现变化，并可以转化为劳动力；M 表示剩余价值，是社会生产力发展的基础上在再生产过程中反复出现的、超过当前劳动力再生产所需要的社会产品，是可以被积累下来的。

剩余价值，是产品自身的价值减去生产该产品的各种生产要素的价值集合所产生的余额。在不同的社会经济形态中，剩余价值大多能够反映不同的社会生产关系。在资本主义国家，剩余价值主要归资本家所有；而在社会主义国家，剩余价值主要归劳动者所有。剩余价值的存在给予了我们选择权，资本主义生产关系下，资本家过分追求以剩余价值形式存在的剩余产品，而与劳动生产者产生不可调和的尖锐矛盾；而社会主义生产关系下，可以对剩余产品的形成、分配、使用进行具体研究和分析，从而推动经济社会和谐发展。因此，我们在分析社会主义相关经济理论时，不应当从主观上忽视或排斥剩余价值论，相反，应该重新认识和充分学习剩余价值在社会主义发展的不同阶段对生产、交换、分配所产生的作用，从而推动社会物质财富的增加；通过结合社会主义初级阶段的特征，进一步丰富剩余价值论，在此基础上，建立和发展具有中国特色的社会主义市场经济理论。

以劳动价值论和剩余价值论为基础，再生产理论从宏观层面，揭示了经济有机体的构成、经济发展的过程和经济内部各方面的联系。在分析了这两大基本理论后，我们再对马克思再生产理论进行分析，从中找寻马克思主义政治经济学是如何对供给侧结构性改革理论进行指导的具体路径。

二 马克思供给和需求理论的基本观点

马克思有关供求关系的分析主要贯穿于社会再生产理论、生产过剩理论和有计划的调控思想等理论体系。这一脉络包含了供需的平衡

（社会再生产）、失衡（过剩）和解决措施（有计划调控），通过分析这三个理论体系，有利于探讨其如何指导和推动供给侧结构性改革的理论发展。

在《〈政治经济学批判〉导言》中，马克思分析了社会再生产过程中生产、分配、交换和消费之间的辩证关系。其中生产力起决定性作用，没有生产就没有分配、交换和消费的对象。生产、分配、交换和消费四个环节构成了一个总体，在这个总体内部形成差别。这个总体的整个过程从生产开始，生产支配着其他环节和要素，而交换和分配不具有支配作用。从分配角度看，包括产品的分配和生产要素的分配，而生产要素的分配其本身也是生产的一个要素。因此，生产将决定分配、交换和消费，以及这些要素之间的关系；同时生产本身也将受到这些要素和要素之间关系的影响。随着市场规模的不断扩大，生产规模也会不断扩大，社会分工也更细、更发达。就生产和消费的关系来说，生产影响着消费，它能够创造出消费的材料，没有生产，就没有消费对象。因而，我们可以说，生产创造了消费，但消费也会影响生产。正是消费为产品的使用提供了主体，产品对这个主体而言才是产品，只有在消费中，产品才能成为现实中的产品，才能最终实现其价值。同时，消费激发消费者对生产新产品的需要，从而创造出新的需求，而新的需求也会成为生产的动力和前提。由此可见，在供给与需求的关系上，供给占首位并起决定性作用，但供给与需求之间实际上是相互依存和相互影响的，供给决定需求，需求制约供给并反作用于供给。

此外，供给与供给结构对生产的决定作用，还被上升到生产关系（或制度层面）进行分析。马克思在谈到生产、分配、交换和消费之间的关系时，提出"在分配是产品的分配之前，它是（1）生产工具的分配，（2）社会成员在各类生产之间的分配（个人从属于一定的生产关系）——这是同一关系的进一步规定。这种分配包含在生产过程本身中并且决定生产的结构，产品的分配显然只是这种分配的结果。如果在考察生产时把包含在其中的这种分配撇开，生产显然是一个空洞的抽象"①。这也就说明，资源配置的结构受到生产工具和社会成员的分配关系的影响，也就是说生产关系或制度的性质将决定资源配置的结构，并对供给和供给结构产生重要影响，因而收入分配的结构实际上是生产关系结构和供给结构的必然结果。

在《资本论》第三卷中，马克思详细论述了供求关系。供给，是"处在市场上的产品，或者能提供给市场的产品"②，它是生产者提供给市场的具有使用价值的产品；需求，则是"购买商品或劳务的愿望和能力"③，需求可以是对生产资料的需求，也可以是对生活资料的需求，所以产生需求的对象，既可能是生产者，也可能是消费者。需求和供给之间可能因为各种社会因素的影响，出现供给和需求的不平衡和不匹配。但供给与需求之间的关系也不能被简单地看作市场中供给产品不满足需求，而应当站在历史发展的角度，根据人与人之间的社会关系和经济制度来具体问题具体分析。在不同的生产关系中，供给和需求的社会属性也不一样。前面所分析的具体劳动和抽象劳动，反映的是物与物的关系，而买方与卖方、生产者和消费者体现的是人与人的关系。所以，在探讨马克思关于供求关系的分析时，除了分析物质关系，还要分析其背后的人（社会）的关系。因此，马克思在分析需求结构时，还融入了对制度供给的分析，需求的规模和结构取决于制度的性质和结构，而制度又决定了分配的关系和分配的比例。所以，不能仅从物质层面出发，还要从社会关系角度出发，探讨供给需求结构的平稳和失衡问题。

要探讨供求之间的不平衡，首先要搞清楚供求的一致性。一方面是生产部门的商品总量按照其市场价值出售，供求是一致的；另一方面是商品按照其市场价值出售，供求也是一致的。但"供求实际上从来不会一致；如果它们达到一致，那也只是偶然现象，……可是，在

---

① 《马克思恩格斯全集》（第30卷），人民出版社1995年版，第37页。
② 《马克思恩格斯全集》（第25卷），人民出版社1974年版，第208页。
③ 中国社会科学院语言研究所词典编辑室：《新华字典》，商务印书馆2011年版，第275页。

政治经济学上必须假定供求是一致的"①，因为要撇开由供求变动引起的假象来进行现象的考察。此外，在一定程度上将其确定下来是为了找出供求变动的实际趋势。影响供给和需求的因素，主要体现在生产力和生产关系上。生产力发展水平决定了资本的有机构成，而资本的有机构成会影响供给结构；生产关系影响了生产资料所有制，而以其为基础的生产关系又决定了收入分配关系，收入分配直接决定了消费需求，最终决定了需求。

（一）社会再生产理论——平衡分析

根据马克思的社会再生产理论，从简单再生产到扩大再生产，实现的是动态的供给和需求的平衡。在《资本论》中，将社会总产品分为生产资料（第Ⅰ部类）和生活资料（第Ⅱ部类）两大部类，其价值形式体现为 $w=c+v+m$ ②。两大部类内部都由不变资本 c、可变资本 v 和剩余价值 m 三部分构成。两大部类能否均衡发展，将决定社会供给与需求是否平衡。根据再生产理论公式：

简单再生产的基本实现条件：

$$Ⅰ(v+m) = Ⅱc$$

派生条件：

$$Ⅰ(c+v+m) = Ⅰc + Ⅱc$$

第Ⅰ部类生产的全部生产资料需要满足两部类的生产需要，即生产资料要实现供需的平衡；

$$Ⅱ(c+v+m) = Ⅰ(v+m) + Ⅱ(v+m)$$

第Ⅱ部类生产的全部消费资料需要满足两部类的消费需要，即消费资料也要实现供需的平衡，才能实现扩大再生产。这是从结构角度出发，两大部类需根据一定比例保持供需平衡，实现经济的可持续运行。在此基础上，我们可以得出社会总供给和总需求平衡的公式，即：

$$Ⅰ(c+v+m) + Ⅱ(c+v+m) = (Ⅰc+Ⅱc) + [Ⅰ(v+$$

---

① 《资本论》（第三卷），人民出版社 2004 年版，第 211 页。
② 以下公式如无特殊说明，均来自《资本论》（第三卷），人民出版社 2004 年版。

m）＋Ⅱ（v＋m）］

通过此公式我们可以发现，社会总供给包括对生产资料和生活资料的供给，而社会总需求包括对生产资料和生活资料的需求。若要实现简单再生产的平衡，两大部类的供给和需求务必保持一致，当然这是一种理想状态，现实中供给与需求往往是不平衡的。

在此基础上，马克思得出了扩大再生产的基本实现条件，即：

Ⅰ（v＋Δv＋m/x）＝Ⅱ（c＋Δc），

派生条件：

Ⅰ（c＋v＋m）＝Ⅰ（c＋Δc）＋Ⅱ（c＋Δc）；

Ⅱ（c＋v＋m）＝Ⅰ（v＋Δv＋m/x）＋Ⅱ（v＋Δv＋m/x）

由此我们分析出扩大再生产的总供给和总需求平衡的公式，为

Ⅰ（c＋v＋m）＋Ⅱ（c＋v＋m）

＝［Ⅰ（c＋Δc）＋Ⅱ（c＋Δc）］＋［Ⅰ（v＋Δv＋m/x）＋Ⅱ（v＋Δv＋m/x）］

通过此公式我们可以发现，扩大再生产的社会总供给是由扩大的生产资料和生活资料的供给所构成，而总需求是由扩大的生产资料和生活资料的需求所构成。

简单再生产和扩大再生产的总供给和总需求的平衡说明了两大部类积累和扩大再生产的关系，两大部类之间应当保持一定的比例关系以推动社会经济平稳发展。如果出现比例失调，可能导致无法实现扩大再生产，出现结构性失衡。同时，在社会再生产和流通中，占主导地位的是生产资料，伴随着生产力的进一步发展，对生产资料的需求也会比对消费资料的需求更多一些，这就会要求通过以引进先进的技术设备、引进人才等方式积极创新，从而形成新的经济增长动力。

（二）生产过剩理论——失衡分析

通过对社会总供给和总需求平衡的分析，我们可以发现供给和需求失衡的原因，即供给大于需求所导致的失衡——生产过剩。前文提到，社会总供给总需求是在不断发展变化的，所以不均衡的状态是常态，是逐渐趋于均衡，推动经济的增长，所以其动态发展的过程是平

衡—失衡—平衡。例如，随着科技的进步、生产力的发展等，原本相对平衡的状态可能会由此被打破，出现经济下滑、供给过剩或需求过剩的现象，失衡状态也在不断扩大，直到出现新的制度、技术和改革方式，促进经济社会的发展，供给和需求又逐渐走向平衡。

从社会再生产公式出发，马克思在此基础上对资本主义的生产过程进行了分析，社会总供给总需求最初出现失衡，是从消费资料过剩开始，再逐渐发展到生产资料过剩，当第Ⅱ部类生产资料的生产超过两大部类对生活资料的需求，即：

$$Ⅱ(c+v+m) > Ⅰ(v+m) + Ⅱ(v+m)$$

就会出现第Ⅱ部类的产品过剩。若第Ⅱ部类的产品过剩，那么产品的价值无法实现，必然会影响第Ⅱ部类对第Ⅰ部类的生产资料的需求，从而再次引发第Ⅰ部类供给过剩，即：

$$Ⅰ(c+v+m) > Ⅰc + Ⅱc$$

从而导致生产资料和生活资料的总供给过剩。这样就出现了社会总供给和总需求失衡状况。

资本主义生产关系下，社会总供给的过剩往往是由于消费不足所引起的。但引起消费不足，不单单是因为内需不足或者生产过剩，更有可能的是社会制度中收入分配制度的不合理。通常情况下，可以通过调整社会的收入分配制度来缩小差距，在一定程度上消除有效需求所产生的不足，从而扩大消费。但除此之外，马克思还认为可以从社会再生产过程中分析消费不足和供给过剩的原因。社会生活中总供给与总需求之间的失衡，是剩余价值的生产与获得之间存在矛盾，消费的需求也会受到生产资料所有制关系的影响，而这一所有制关系将直接影响收入分配关系。分配关系决定了社会总需求，生产资料所有制决定了分配关系，在总需求不足的情况下，消费和投资需求不足，投资不足导致总需求进一步下降，总供给和总需求出现失衡。总之，要解决总供给和总需求失衡这一问题，还是要从生产资料所有制的角度出发。

(三) 有计划调控思想——解决失衡

要解决总供给总需求失衡的问题，马克思指出，"只有在生产受到社会实际的预定的控制的地方，社会才会在用来生产某种物品的社会劳动时间的数量和要由这种物品来满足的社会需求的规模之间，建立起联系"①，从而实现"在需求方面有一定量的社会需要，在供给方面则有不同生产部门的一定量的社会生产与之相适应"②。这里谈到了要"控制"生产，通过控制"生产"可以建立起供给和需求之间的某种联系，即蕴含了要对社会生产进行控制。通过分析社会对商品的需要，在生产时进行"预定的控制"，有计划地分配和调控社会生产，才能使供给和需求相适应。

此外，社会生产的目的由生产资料所有制所决定。马克思谈道，只有当物质生产过程的形态，作为自由联合的人的产物，处于人的有意识有计划的控制之下的时候，它才会把自己的神秘的纱幕揭掉。但是，这需要有一定的社会物质基础或一系列物质生存条件，而这些条件本身又是长期的、痛苦的发展史的自然产物。③ 诚然，在资本主义生产关系下，社会生产与社会需要之间无法建立起有"计划"的关系，主要原因在于生产资料的私有制，这种所有制关系让社会生产的根本目的变为获得更多的剩余价值。只有在生产资料公有制的社会主义制度下，才能实现有计划的调控生产力的发展，才能在生产和消费之间建立起联系，在生产（供给）方面进行控制。

三 供给侧结构性改革理论与马克思供给和需求理论的关系

（一）运用历史唯物主义方法论对供给侧结构性改革的理论简要分析

根据历史唯物主义的观点，生产力与生产关系的矛盾运动、生

---

① 《资本论》（第三卷），人民出版社2004年版，第208页。
② 《资本论》（第三卷），人民出版社2004年版，第209页。
③ 《马克思恩格斯文集》（第5卷），人民出版社2009年版，第97页。

力的发展变化和生产关系的不断调整，贯穿经济社会发展的全过程。生产力的发展必然会带来生产技术和社会方式的变化，因此生产结构，如要素结构、组织方式和管理结构等也将根据生产力的变化而作出调整。若生产结构不能适应生产力的发展，就会出现结构性矛盾，而结构性矛盾的长期存在将会导致供给和需求的不匹配。当下出现的生产领域产能过剩、流通领域库存积压、金融领域杠杆较大等问题，都是结构性失衡的重要表现。

同时，社会再生产四个环节之间的辩证关系，也对供给侧结构性改革的理论产生重要影响。生产为起点，消费为终点，分配和交换为中间环节，它们既具有同一性，也具有差异性。我们在分析供给侧结构性改革时，不能单纯地将生产认定为供给，将消费认定为需求，这样就割裂了社会再生产的整体性。生产和消费既有直接的同一性，即"生产是消费，消费是生产"；也互为手段和媒介，即"生产为消费创造作为外在对象的材料；消费为生产创造作为内在对象，作为目的的需要"[①]；同时也互相为对方体系的具体对象。所以，生产和消费任一环节出现问题，都会引起社会再生产体系的紊乱，出现结构性失衡。当前经济运行中出现的产能过剩、需求不足等问题，虽然都是在消费环节出现的，但其根源是生产和分配环节出了问题。产能过剩在生产环节，需求不足则更多地出现在分配领域，主要是由于分配方式出现了问题。例如，资本和劳动分配的不平衡导致的劳资关系的扭曲，不同产业的布局和定位使得不同地区的发展水平不一致，发展不平衡、不充分，导致整个经济结构出现失衡。所以，需要从社会再生产体系出发，以历史唯物主义为方法，分析和把握供给侧结构性改革，让生产协调运行稳定发展。后文将运用历史唯物主义方法论对供给侧结构性改革的理论进行论述。

（二）马克思供给和需求的理论与供给侧结构性改革的理论

马克思有关供给和需求的理论，是以资本主义生产过程中的供给

[①] 《马克思恩格斯文集》（第8卷），人民出版社2009年版，第16—17页。

和需求作为研究对象，但脱掉资本主义外衣看本质，供给和需求理论也可作为对一般商品经济的供求关系的分析规律，从而在指导和推进供给侧结构性改革的理论建立和实践创新中发挥作用。

社会再生产理论首先从两大部类角度出发，分析了两部类之间、部类产业之间要保持在合理的比例而进行社会生产，并根据社会对各部类产业的需求进行生产。若比例不协调，生产资料比例超过了对其的需求，就会出现供给过剩，而生活资料比例超过了对其的需求，就会出现产能过剩。其次，通过对社会再生产的研究，把生产过剩与取决于生产关系的分配关系联系到一起，收入分配差距过大，则可能导致主要消费品的需求不足，有支付能力的购买也会出现不足。社会再生产比例失调，一方面可能是盲目扩大生产规模，实现价值增值，而不考虑有支付能力的需求；另一方面可能是由于低收入导致购买力不足，消费需求受到限制，因此可以通过对生产关系与收入分配制度进行调整，进而影响到需求结构。再次，马克思的供给和需求之间存在辩证关系，是一个事物的两个方面。供给和需求都源于人类的社会活动，且相互依存。需求决定供给，供给创造需求，它们是辩证统一的。最后，供求失衡，从根本上说是由于资本主义生产私有化和社会化大生产之间的矛盾，要解决这一问题，只能从社会的根本制度上着手。因此，解决供需之间的失衡问题，从根本上看，必须借由社会主义公有制的构建，实现对生产力的解放与发展，调整生产关系，使供给和需求之间建立联系并逐渐走向平衡。

对于供给侧结构性改革，马克思再生产力理论指出，经济发展的主要动力在生产。虽然当前社会主义制度下，供给和需求的本质及其关系已经发生了较大的变化，但矛盾依然存在，即供给过剩和有购买力的真正需求之间的矛盾，深刻理解这一理论对解决当前出现的供给需求不平衡的问题发挥重要作用。坚持马克思主义，用辩证和发展的眼光看待社会再生产理论，对探寻当前供求失衡的根源以及找寻供给侧结构性改革的理论依据发挥重要作用。此外，供给和需求也体现了生产力与生产关系的辩证关系，解决两者之间的问题实质上是在解决生产力与生产关系的矛盾。

当前中国经济的发展所面临的经济社会问题比马克思所描述的更复杂。因此，在进行供给侧结构性改革时，一方面要沿着马克思供给和需求相关理论的总思路前行，另一方面要结合当前中国特色社会主义市场经济的具体实践，推进马克思主义的发展与创新，建立适宜中国经济发展规律、解决经济发展问题的供给需求理论体系。

第四章　供给侧结构性改革的理论与改革开放以来的经济实践和经济理论

改革开放以来，中国的实践走在了理论的前面，而经济学研究的方式方法也随着制度的变迁、理论的发展发生了巨大的变化。从最初计划经济时代，跟随苏联的计划经济研究范式；到20世纪80年代初的市场化改革，使用东欧经济学中"在计划经济体制下引入市场经济机制，协调政府与企业之间的关系"研究方式；再到20世纪80年代中期，"构建国家调节市场、市场引导企业"的经济运行方式；1992年邓小平南方谈话后的"建立社会主义市场经济体制"；这些都是在马克思主义政治经济学基础上，对实践进行的理论分析和总结。20世纪90年代中期，市场经济开始逐渐进入大众的视野，传统的政治经济学在市场机制的研究上出现了短板和不足，西方经济学开始广泛流行，并进入了高等教育体系[①]。

各个阶段的理论和实践逐渐开始出现不适应，究其原因，是因为当前我们所建立的是社会主义市场经济体制。在此体制下，要求在资源配置中市场需要发挥决定性作用，此与传统意义的社会主义经济，或是西方的市场经济相比，都是不一样的。这样的体制制度，是没有经验可寻的。因此，我们更多是在实践中积极探索中国经济

---

① 杨瑞龙：《中国特色社会主义经济理论的方法论与基本逻辑》，《政治经济学评论》2019年第6期。

发展的相关理论。

一 改革开放以来的主要经济理论

改革开放以来,中国共产党在中国改革实践的基础上,结合改革的实践和特点,创新性地提出中国特色社会主义经济理论。

结束了新中国成立以来的20多年传统的计划经济体制后,为适应新形势,进一步解放和发展生产力,改革开放的实践为建立具有中国特色的经济理论提出了新的要求。在这一时期,以邓小平同志为代表的改革家,进一步将马克思主义的基本原理与当代中国的经济发展结合起来,以开放的眼光借鉴与吸收西方发达国家的先进成果与成熟经验;同时,通过市场经济与社会主义基本制度的有机结合,找到了中国发展的新的道路,形成了社会主义市场经济体制;在总结社会发展及前人经验的基础上,初步探索和构建出了符合中国国情的、具有鲜明中国特色的经济理论体系。具体来说,这一理论体系涵盖了社会主义初级阶段的理论、社会主义本质理论、社会主义市场经济理论(也就是社会主义宏观调控理论、社会主义改革与开放理论、基于以人为本的科学发展理论、社会主义收入分配理论等)[①]。这些理论既反映了经济学一般价值,也包含了中国特色;既顺应了时代发展的要求,也与中国改革发展的实践相一致,对中国特色社会主义事业的发展起到推动作用,使得中国从一个贫困的发展中国家走向实现温饱、进入小康、迈向更加富裕的现代化国家。党的十八大以来,以习近平同志为核心的党中央进一步推动马克思主义政治经济学中国化时代化,形成了习近平经济思想,为新时代经济发展提供了根本遵循。

中国特色社会主义经济理论的发展与创新,与中国改革的实践紧密相关,改革的实践也在不断对中国特色社会主义经济理论体系进行检验。在此理论体系中,社会主义本质理论对何为社会主义、如何建

---

① 胡敏:《70年来经济理论发展的中国特色》,人民论坛网,2019年10月24日。

设社会主义进行了明确,揭示了社会主义的本质,即解放生产力、发展生产力,消灭剥削,消除两极分化,最终实现共同富裕。社会主义初级阶段理论对社会主义初级阶段的基本路线、主要矛盾、基本纲领、根本任务与发展战略进行阐述,让我们明白当前我国的经济发展正处于并将长期处于这一阶段的现实;社会主义市场经济理论确立了"以经济建设为中心"的指导思想,围绕我国的基本经济制度、收入分配制度、市场与政府的作用发挥等进行了探索。以下将以这三个理论为出发点,分析和探讨改革开放以来的主要经济理论。

(一) 社会主义本质理论

社会主义本质理论,是中国共产党人对中国特色社会主义道路进行不断探索取得的重大理论创新与贡献,对"何为社会主义,如何建设社会主义"的时代课题作出了准确的解答。

"解放和发展生产力""消除两极分化""实现共同富裕"这三个词汇是社会主义本质理论的构成要素。搞清楚这三个关键词的重要内涵,对我们理解社会主义本质理论有重要作用。社会主义与资本主义的本质区别在于能否实现共同富裕,消除两极分化。邓小平同志多次提出,社会主义的出发点和最终目的,都是"实现共同富裕"。历史唯物主义指出,社会主义的根本任务是发展生产力,通过发展生产力促进社会主义社会的发展,摆脱贫穷落后,提高和改善人民的物质文化生活。但是,只要具有发达的生产力,是否就是社会主义呢?这时就需要用第二个关键词来进行分析和探讨。消灭剥削和消除两极分化,意味着实现所有人的共同富裕,这也才能说从根本上践行了社会主义。因此,邓小平同志对社会主义本质所作的论述为:社会主义的本质,是解放生产力,发展生产力,消灭剥削,消除两极分化,最终达到共同富裕[①]。

掌握了社会主义本质的基本内容后,我们再对这三个关键词的内在逻辑进行探讨。

[①] 《邓小平文选》(第3卷),人民出版社1993年版,第373页。

第一,解放和发展生产力——社会主义的首要任务,共同富裕的物质基础。邓小平同志在1992年的南方谈话中提出,"革命是解放生产力,改革也是解放生产力。推翻帝国主义、封建主义、官僚资本主义的反动统治,使中国人民的生产力获得解放,这是革命,所以革命是解放生产力。社会主义基本制度确立以后,还要从根本上改变束缚生产力发展的经济体制,建立起充满生机和活力的社会主义经济体制,促进生产力的发展,这是改革,所以改革也是解放生产力。过去,只讲在社会主义条件下发展生产力,没有讲还要通过改革解放生产力,不完全。应该把解放生产力和发展生产力两个讲全了"[1]。此外,邓小平同志还谈道,计划多一点还是市场多一点,不是社会主义与资本主义的本质区别。计划经济不等于社会主义,资本主义也有计划;市场经济不等于资本主义,社会主义也有市场。计划和市场都是经济手段[2]。改革开放成功与否,主要来自三个方面,"应该主要看是否有利于发展社会主义社会的生产力,是否有利于增强社会主义国家的综合国力,是否有利于提高人民的生活水平"[3]。总之,只有解放和发展了生产力,才能丰富社会财富,才能真正实现共同富裕。

第二,消灭剥削,消除两极分化——共同富裕的必备条件。消除两极分化,是从生产关系角度阐述社会主义本质的。邓小平同志提出,"社会主义有两个非常重要的方面,一是以公有制为主体,二是不搞两极分化"[4]。"只要我国经济中公有制占主体地位,就可以避免两极分化"[5]。"社会主义的目的就是要全国人民共同富裕,不是两极分化。如果我们的政策导致两极分化,我们就失败了;如果产生什么新的资产阶级,那我们就真的走了邪路了"[6]。因此,在社会产品的分配上,

---

[1] 《邓小平文选》(第3卷),人民出版社1993年版,第370页。
[2] 《邓小平文选》(第3卷),人民出版社1993年版,第373页。
[3] 《邓小平文选》(第3卷),人民出版社1993年版,第372页。
[4] 《邓小平文选》(第3卷),人民出版社1993年版,第138页。
[5] 《邓小平文选》(第3卷),人民出版社1993年版,第149页。
[6] 《邓小平文选》(第3卷),人民出版社1993年版,第110—111页。

要真正实现公平公正,才能保证社会财富为全体人民共享,才会实现真正的共同富裕。

第三,实现共同富裕——社会主义的终极目标。在解放和发展生产力的基础上,消除两极分化,让社会成果为人人所共享,这是社会主义本质要求,也是中国共产党毫不动摇的奋斗目标。当然,在社会主义道路上,是逐步实现共同富裕的,即让有条件的一部分地区优先发展,缺少条件或条件不成熟的地区的缓慢发展,前者带动后者,最终实现共同富裕。如果没有带动和帮扶,就会出现两极分化,这不应该是社会主义制度下的产物。

社会主义本质理论,为中国共产党冲破经济发展姓"资"姓"社"这一问题的束缚提供了契机与支撑,为重新确立马克思主义的思想路线奠定了理论基础;改革开放的实践,为中国特色社会主义理论体系的形成给予了理论保障;在中国改革的实践中,形成了有效的经验与方针政策。因此,作为中国特色社会主义理论的重要组成部分,社会主义本质理论对推进社会主义事业建设有重要的历史意义和现实作用。

(二)社会主义初级阶段的理论

改革开放以来,对社会主义初级阶段理论的阐述,主要有两次。

第一次,1987年党的十三大报告明确指出,我国正处在社会主义初级阶段。正确认识此阶段,是建设有中国特色的社会主义的首要问题,是我们制定和执行正确的路线和政策的根本依据。社会主义初级阶段,有以下两方面含义:一是我国社会已经进入社会主义社会,我们必须坚持而不能离开社会主义;二是我国的社会主义社会还处在并将长期处于初级阶段,我们正视而不能超越这个阶段[1]。

此外,报告详细阐明了初级阶段的背景、含义、主要矛盾、特点、基本任务等。第一,之所以当前处在社会主义初级阶段,原因是当前的社会主义是脱胎于半殖民地半封建社会,生产力水平远远落后于发

---

[1] 罗文东主编:《中国特色社会主义理论体系新论》,人民出版社2008年版,第8页。

达的资本主义国家,这就决定了我们必须经历一个很长的初级阶段。从新中国成立到召开党的十三大,经过30多年的发展,以生产资料公有制为基础的社会主义经济制度、人民民主专政的社会主义政治制度和马克思主义在意识形态领域中的指导地位已经确立,政治、经济、文化都有了较大发展;但是,我国人均GDP水平不高,农业、工业的发展也落后于当前世界发展水平。生产力的落后势必会对生产关系造成影响,社会化程度低的生产、不发达的商品经济以及不成熟的社会主义经济制度会对经济社会的发展产生制约。第二,社会主义初级阶段,对我国而言,是受不发达商品经济、落后生产力的限制,在推进社会主义建设的进程中必须经历的阶段。第三,初级阶段的主要矛盾,是有着中国特色的,是相对落后的社会生产与人民日益增长的物质文化需要的矛盾。第四,社会主义初级阶段是逐步摆脱贫穷、摆脱落后的阶段,是实现中华民族伟大复兴的阶段。第五,需要从"进行现代化建设""坚持对外开放""以公有制为主体"等方面着手,推动我国经济社会发展。这五个方面紧密结合,构成了社会主义初级阶段的理论体系。

第二次,1997年党的十五大报告进一步阐述了社会主义初级阶段的理论,并且要求对于所处阶段的基本国情要有统一的认识和准确把握。在报告中提到,当前最大的实际,就是中国现处于并将长期处于社会主义初级阶段;要建设社会主义,所有的改革必须要坚持初级阶段这一基本国情,不能照搬外国方法和模式、不能从主观臆想出发,更不能从对马克思的个别论断的教条式理解或附加到马克思主义名下的某些论点出发,必须结合中国特色,走中国特色社会主义道路;并且,阐述了这一阶段的九大基本任务和基本特征。这一阶段,至少需要一百年时间。此次报告,为进一步深化改革开放指明了方向,为推动社会主义现代化建设提供了重要理论支撑。

(三)社会主义市场经济理论

改革开放以来,以中国经济发展实践为支撑,形成了诸多具有中国特色的且对世界经济理论有一定影响的新成果新理论。回顾这40余年的经济理论发展历程,我们发现,我国的经济理论主要从两条脉络进行了创新发展:第一条是逐步摆脱了苏联模式对我国经济的束缚,对马克思主义经济学进行再研究和再学习;第二条是对西方经济学的研究,不再是单纯的批判或推崇,而是结合中国实践对其进行借鉴、研究和应用。这两条脉络与我国经济发展的实践,互相融合、互相影响,从而推动我国经济向前发展。社会主义经济理论的形成,正是中国实践与以上两条脉络的结合,也是中国特色社会主义政治经济学的重要组成部分。

具体来说,社会主义市场经济理论包括以下内容。

首先,在基本经济制度的确立上,社会主义市场经济理论明确了我国的基本经济制度,这为社会主义市场经济的发展奠定了扎实的基础。党的十五大报告提出,之所以确立此基本经济制度,是由社会主义性质和初级阶段的基本国情决定的。在社会主义经济制度体系中,坚持以公有制为基础,是社会主义国家的本质;在以公有制为主体的条件下发展所有制经济,是国家在社会主义初级阶段要实现经济发展须遵循的基本路径;只要是与"三个有利于"相符的,那么不管是何种所有制形式,均可以用来发展社会主义。

其次,在收入分配制度上,社会主义市场经济理论明确了以按劳分配为主体、多种分配方式并存的基本分配制度;在具体实践中,坚持按劳分配原则并辅之按要素分配,让一部分人先富起来逐渐过渡到共同富裕。这一分配原则反映了效率与公平的关系。改革开放以来,我们相继经历了"效率优先、兼顾公平"——"兼顾效率与公平"——"更加注重社会公平"——"更有效率、更加公平"一系列的发展过程,一方面不再是传统计划经济所坚持的绝对平均主义,另一方面也抛弃了完全的效率第一的新自由主义,这样就与基本经济制度相呼应。

最后,在宏观调控方面,充分发挥公有制为主体所形成的国家宏观调控的物质基础、牢固的政治基础和广泛的群众基础的优势下,正确处理政府与市场的关系,强调市场发挥自动调节功能对资源进行配置,更多地发挥政府的作用。政府与市场的关系作为经济体制改革的核心，始终是改革研究的焦点与重点。改革开放以后，计划经济逐渐退出历史的舞台，政府和市场开始成为社会主义市场经济的主体。从党的十四大提出"经济体制改革目标是建立社会主义市场经济体制为逻辑起点"，政府和市场的关系就在不断地调整，从党的十五大"市场在国家宏观调控下对资源配置起基础性作用"，一直到党的十九大提出"市场在资源配置中起决定性作用，更好发挥政府作用"，最终确定了两者的关系。

通过总结社会主义市场经济的规律与实践经验，逐步形成了社会主义市场经济理论，这是对马克思主义经济理论的发展与创新。同时，社会主义市场经济理论，不是单纯地复制西方的经济理论，而是在集合了我国社会发展的实践，找到了社会主义和市场经济的完美契合点，极大地解放和发展了社会生产力，丰富和完善了社会主义制度。

通过以上三个代表理论的分析，我们可以梳理出它们之间的逻辑关系：首先我国确立了社会主义生产关系；然后对如何发展社会主义生产力进行探讨；经过实践的探索，对社会主义的本质有着愈加深入、全面的认识，也就是解放和发展生产力，而我们所处的社会发展阶段属于社会主义初级阶段，这一阶段的客观情况就要求我们必须发展社会主义市场经济。

二 供给侧结构性改革理论与改革开放以来其他经济实践和经济理论的关系

作为中国特色社会主义政治经济学中的重要理论，以上三个理论对供给侧结构性改革的理论有重要的指导意义。

中国的经济发展，其内涵和实质都是沿着一条主线发展的：基本经济制度方面，由公有制经济向以公有制为主体、多种所有制经济并存转变；经济体制方面，由社会主义计划经济、社会主义市场商品经济发展到社会主义市场经济；资源配置方面，从单纯依靠计划、计划为主市场为辅转变为市场为主计划为辅，市场的作用也从基础性作用转变为决定性作用；收入分配方面，从平均分配逐步转变到按劳分配为主体、多种分配方式并存。这些转变的背后，也伴随着政府基本职能的转变、政府治理边界的转变以及如何更好地发挥政府的作用的转变。这也是改革实践与经济理论之间良性互动的效果，为社会主义市场经济在中国有更好的发展打好理论基础。

供给侧结构性改革在本质上就是不断调整与完善社会主义经济制度，让生产力得到尽可能的解放与发展。在经济发展已经进入高质量发展阶段这一背景下，通过贯彻新发展理念，提高资源配置效率，提升全要素生产率，构建完整的内需体系，提升供给与需求体系的适配性，让全国人民的有效需求得到切实的满足。在供给侧结构性改革进程中，我们可以从多个维度入手，推动生产力的解放和发展。从长期来看，积极制定各种创新战略，实施创新驱动是发展生产力的根本之举；从中期来看，制订战略新型产业计划，积极推动产业从中低端迈向中高端，是发展生产力的核心步骤；从中短期来看，积极克服各类市场失灵和政府失灵带来的扭曲，防止经济增速过快下滑所带来的各种问题，是解放生产力的核心内容；从近期来看，以"三去一降一补"为主要内容的"五大攻坚战"是解放生产力的切入点。所以，借由宏观层面的运行体系的疏导与调控体系改革、中观层面的发展战略与产业政策的重构、微观层面的市场主体再造，三个层面推进供给侧结构性改革，从而实现解放和发展生产力这一经济社会发展的目标。

当前，中国已进入高质量发展阶段，不管是在经济结构，抑或是在经济发展方式、经济增长动力上，都有所变化。中国的经济改革实践在变化发展，相应的也需要更深入地完善市场经济体制，中国特色社会主义市场经济理论也要根据新形势不断创新和发展。

第五章 其他国家供给侧改革的背景与实践效果及其对中国的启示

第二次世界大战以后,美欧等资本主义国家经济从高速增长期逐渐陷入"滞胀"窘境,传统的凯恩斯主义无法对该现象进行解释,也无法解决经济中的实质性问题。针对这一情况,美国、日本、德国等纷纷以供给学派的"供给改革"为指导,从供给角度出发,积极推进供给侧改革,在当时的背景下对战后重建和恢复经济起到了一定的推动作用,从历史上看,也在一定程度上恢复了经济的繁荣。本章希望通过梳理发达国家的历史经验和教训,总结对供给侧结构性改革理论的借鉴和参考意义。

一 美国的供给侧改革

20世纪70年代的"滞胀"让凯恩斯的需求管理无法解决这一问题,美国经济理论研究开始逐渐转向供给学派,尤其是里根总统执政期间所产生的"里根经济学",实现了从需求管理过渡到供给管理,其理念最初与供给学派保持总体一致,而后出现了温和派和激进派的分立,同时将供给管理纳入货币主义。特殊的理论体系对解决当时美国宏观经济的问题确有作用,减税政策激励了市场主体的积极性,放松监管和减少政府干预也释放了市场活力,刺激了美国的经济复苏。但减税同时也不可避免地引发了严重的财政赤字和债务问题,削减福利性支出产生了无效供给过剩和有效需求不足,使得美国供给侧改革的持续性和稳健性不足,增长潜力并未得到充分释放。

(一) 美国供给侧改革的背景

里根政府作为美国历史上积极推进供给经济学的典型代表,复兴了古典主义经济学。正如林德赛所指出的"自从20世纪30年代古典经济学被推翻以来,1981年供给经济学的挑战是对统治经济学说最大的挑战"[①]。理解美国的供给侧改革,实则是要理解古典经济学的复兴与重现。

1929年以前,古典经济学盛行,到20世纪30年代,旧工厂经济的衰竭引发了大萧条,暴露出了古典经济学的基本缺陷。古典经济学认为,如果政府不干预,经济在长时期内能够恢复正常,但此次的大萧条伴随着以旧工厂为基础的经济完全衰退,转型为规模生产化的管理型企业经济,社会急需一种与此前完全不同的国家经济政策。此时,凯恩斯以《就业、利息和货币通论》一书,挑战了盛行一时的古典经济学典范,彻底推翻了当前的经济理论和经济政策。从总需求角度出发,国民收入和就业均由总需求水平决定,在经济放缓期间,刺激政府支出或者临时减税都可能促进需求。因此,凯恩斯主义既增加了政府收入的规模和范围,也在大萧条结束后提高了税收,使政府成为经济社会的重心。但当几乎所有人都拥护需求学说时,大企业与规模生产的经济衰竭使得凯恩斯主义开始动摇。20世纪70年代,高失业率、高通胀率和生产率增长大幅放缓,经济的"滞胀"使部分经济学家开始批判需求学说。在高通胀率和高失业率的背景下,以供给经济学为主要表现形式的古典经济学开始复兴。此外,在面对来自国外产品的竞争情况下,美国国内的商品竞争力下降,无法被消费而出现了产能相对过剩;而对企业来说,商品无法及时售卖,所得税又居高不下,

---

① Lawrence B. Lindsey, *The Growth Experiment: How the New Tax Policy is Transforming the U. S. Economy*, New York: Basic Books, 1990, p. 5.

达到46%①,使投资和生产的热情下降;政府对企业以及市场价格进行了干涉,导致企业出现经营效率低下等问题。直到20世纪80年代,罗纳德·里根当选美国总统,开始考量从供给角度出发,解决美国经济发展的问题,积极推行供给侧改革。里根政府主要是通过调整紧缩的货币政策、大规模的减税、缩减政府财政支出以及减少社会福利等措施,最终使得美国经济在经历短暂的改革阵痛后,实现了这一阶段的复苏与繁荣。

（二）美国供给侧改革的具体措施

里根竞选时抛出了《里根的八十年代经济增长与稳定的战略》,反对罗斯福"新政"以来历届美国政府奉行的凯恩斯主义的各项经济政策。他指出,美国立国之本,依靠的是在工厂、农田和商店里赚钱回家的人。但是现在,由于剥夺这些人的权利太久,使得这些人已经无法处置自己所创造的财富。所以绝不能通过征税的手段,来管理当前的经济或促进社会关系的变革。"对于那些呼吁更多政府规划、更多管制甚至更多税收的人,我们想说,对一个国家及其民众而言,经济成功的衡量标准不是泥砖、砂浆,也不是资产负债表和各种补贴。要想实现经济腾飞,最重要的是,人们得提升开拓创新、锐意进取的能力。那就是说,不能增加而应减少管制,不能提高而应降低税率"②。在此基础上,他提出四大政策推行供给侧改革。

第一,大规模减税。通过降低对公司和个人的所得税税率,刺激投资和储蓄。里根根据供给学派的税收理论,通过大规模减少一般赋税会让企业家减少对税收的反感。在较低的税率基础上,富人们更多的收入是根据较低税率所征收,而无须担心在房地产等大额财产上的收入。同时,低税率也能够让富人们以更加真实的收入和比例进入征收范围,从而整体上增加税收收入。而对于普通工人来讲,降低税率

---

① 党力等:《供给侧改革的探索与创新》,人民邮电出版社2017年版。
② Cited in Robert T. Gray, "President Regean's Call for Continuing the Free-Enterprise Revolution", *Nation's Business*, Vol. 76, No. 7, July 1988, p. 63.

也意味着能够得到更多的收入，他们也会更加努力工作以期待获得更多收入。1981年国会通过的《1981年经济复兴税法》中提出，"将非劳动收入的最高边际税率从70%降到50%，并全面降低所得税"①。里根在成功连任总统后，1986年国会通过《1986年税制改革法案》，进一步降低税收，将最高税率从50%降低至28%，并把五级税率改为两级，即50%和28%两种税率。因此，各种各样的企业和个人的税收漏洞被堵住了，这也是个人所得税和公司所得税最大规模的一次减税行动。

第二，削减政府支出。主要通过减少社会福利及其他一些民用开支来缩小预算赤字。在微观层面，政府的分配制度可以影响社会资源的配置情况以及收入的分配情况；在宏观层面，政府则可以通过税收、财政预算以及货币政策影响整个社会的就业情况、市场价格水平等。即使是十分细微的政府决策，也可能会直接或间接地影响社会收入和社会收入的再分配，同时社会收入的再分配反过来也会影响社会总收入。例如，从预算支出这一角度出发，通过转移支付，政府将社会财富从一个群体通过各种方式转移到另一个群体，包括福利的转移，如社会保障金、教育补助、医疗补助、住房补助等；从预算收入这一角度出发，政府所实施的各种税收政策也会让社会收入的分配产生各种变化，如通过税收的减、免、退等优惠政策，都可能会影响社会收入的再次分配。因此，预算支出和预算收入是相对应的，预算支出减少时，就会给预算收入较小的压力，给减少税收等措施提供较大的操作空间。国会在1981年通过了全面预算调整法，在法律层面上从严规定了能够接受福利待遇的条件，并且加重了对福利欺诈的惩罚。同时里根政府在1982年提出建立和实施"新联邦主义"，改变罗斯福新政以来社会福利不断扩大的情况，减少政府干预。通过实施紧缩性福利政策，削减社会保障项目，特别是一些"随意性"的社会福利开支，从而希望能够减少由于管理不善或舞弊所导致的社会福利的浪费，并且

---

① 梅荆：《里根"经济复兴计划"剖析》，《现代国际关系》1981年第1期。

消除政府之间分工的混乱，梳理联邦、州和地方政府之间的关系，通过建立专门基金来实现福利政策的改变。1986年，里根提交了1986年财政预算咨文，在原有的预算基础上削减508亿美元的联邦开支，增加军费和减少预算赤字，希望能够通过这些改变缓解财政预算赤字。

第三，严格控制货币供应量，稳定货币增长速度，遏制通货膨胀。执政前期，里根政府沿用了美联储主席保罗·沃尔克的紧缩银本位制的货币政策。这一货币政策是以货币量与流动性必须保证价格稳定同时保持经济增长为目标，这也就说明了，在抑制通货膨胀的同时，保持经济的稳定增长也是里根政府重要的货币政策目标。总而言之，为了防止经济的进一步恶化，在坚持紧缩性的货币政策上，严格控制货币供应量，防止其过度增长，通货膨胀率有了较大程度的降低，从1980年的12.4%降至1982年的4%[①]，到1987年通货膨胀率降至3%[②]。随着经济的复苏，美国开始逐渐摆脱了"滞胀"现象，并实现了通货膨胀情况下的经济持续增长。这一经济现象的产生，在一定程度上给企业界增强了信心，有效地增加了企业投资，并提高了人们的实际工资收入。收入的增加使个人购买力增强，消费支出增长，进一步加速了经济的增长。

第四，减少政府颁布的有关经济的各种规章条例，使工商经营不受妨碍，通过提高经济运行效率，实现经济的增长。自1929年经济大萧条以来，美国政府对经济的管制逐渐强化。无论是从管制机构上，还是法律法规方面，都逐渐增多，包括公共领域也受到了不同程度的管制。20世纪70年代后，美国政府开始在医疗卫生、社会福利和保障等方面也实行大规模管制。政府管制一方面强调了社会公平，但另一方面也为政府带来了巨大的管制成本，使得市场竞争机制受到政府过多的影响，并在一定程度上造成了被管制企业的低效率。政府管制

---

① [美]赫伯特·斯坦：《美国总统经济史——从罗斯福到克林顿》，吉林人民出版社1997年版。
② 党力等：《供给侧改革的探索与创新》，人民邮电出版社2017年版。

已经不再适应经济社会发展,减少政府管制、促进市场作用的发挥成为当前的必然之举。通过简化和放宽规章制度,强调新规章制度的制定都必须进行成本收益的分析,废除效益低下或者阻碍市场发展的规章制度。通过放松管制、减少干预,许多行业通过市场的作用,积极参与竞争,产品和服务质量明显提高,而由于政府干预的减少,价格明显降低,从而增加了社会福利,有效地增强了经济动力和活力。

此外,通过对经济结构的转型和优化,适当放松对部分企业和行业的管制,以市场来引导效率低下及产能过剩的行业,通过兼并重组、引入竞争等措施来提高企业的经营效率和经营收入。在实行供给侧改革后,企业利润和人均利润开始稳步提升,但在行业的兼并重组及产能出清过程中,产能利用率也出现了短期的快速下跌,随后由于再就业及生产要素更高效配置的实现后,产能利用率又开始大幅上升,经济逐渐保持稳步发展并走向复苏。

(三) 美国供给侧改革的成效及评价

里根政府执政时期,美国经济从危机谷底爬起,开始回升,到进入高涨。从1982年年末到1984年年底,连续25个月保持较高增长率,1984年年增长率达到6.9%,创过去33年新高;通货膨胀率从1981年的两位数降至个位数,1982—1984年这三年,平均年通胀率仅为3.9%;到1984年年底,就业人数新增720万,失业人数减少270万,失业率也从1982年年末的10.7%降至7.1%[①]。企业固定资本投资开始出现新一轮高涨,劳动生产率也开始有较快的增长,"滞胀"的局面开始改变,被削弱的霸权地位也在恢复和有所增强,美元作为国际储备货币的地位重新加强。在其续任阶段,美国经济稳健复苏。里根经济学成功引导了美国走出经济滞胀危机,高失业率、高通货膨胀率和能源危机这三大影响美国经济发展的难题得到有效缓解。在市场的调解下,国家经济结构实现根本性重组,经济竞争力有效提升,这一阶段的经济思想为美国经济保持长期稳定增长构建了良好的制度

---

① 党力等:《供给侧改革的探索与创新》,人民邮电出版社2017年版。

框架、创造了良好的市场环境。

里根政府的八年执政是美国供给侧改革的重要时期。通过减税和货币稳定政策使美国经济结构发生了可喜的变化，股市和各行业有了较好发展，同时也降低了企业负担，刺激了企业创新和发展。通过多项改革措施，美国企业界在科技界的支持下，取得了大量科技创新成果，并在与生产相结合的基础上，为未来的信息技术革命打下了牢固的知识基础。

在信息技术层面，科学界和企业界的不断结合与发展，使得信息技术的运用日趋成熟。特别是在中小型科技企业的发展上，通过实施创新计划，使这类企业在技术革命中充分享受到先进技术带来的硬件或软件的有力影响，传统产业发生了翻天覆地的变化，扭转了20世纪70年代以来的颓势。同时，注重以金融手段推进创新，通过对金融市场作用的重视，推出一系列政策为科技型中小企业发展提供便利，允许创新企业和风险投资基金以股票期权作为创新企业家和风险投资家的酬金，将风险投资业的发展与科技型中小企业发展联系起来，支持中小企业的创新活动。

当然，里根政府的政策也带来了一定的负面影响。部分政策效果与原来的目标有所出入，甚至造成了严重的财政赤字。随着科学技术不断进步和生产力的进一步发展，客观上讲，需要发挥政府对经济运行的监督、规范和指导，同时也必然会增加政府的运行成本，也就需要更多的收入来保障功能的实现，但由于大规模的减税政策，尽管在短期能够减轻企业负担，但从中长期来看，对政府履行其职能有一定的抑制作用，会导致政府功能的弱化和失衡。

过去，美国一直被视为传统的制造业大国，但从20世纪60年代开始，由于日本和韩国等国家的迅速发展，其制造业相对于美国而言有着明显的优势。因此美国国内企业开始逐渐通过这些国家的成本优势来弥补自身不足，将生产基地转移，使美国产业出现空心化，并最终导致国内失业人口和失业率大大增加，削弱了美国的经济基础。通过里根政府的改革，虽然从供给方进行了刺激，但对这类企业的产业转移并没有作出积极有效的反应,政府所采取的应对方法也仅仅是减税,在整体产业规划、配套资源的完善方面并没有发挥政府应有的作用。所以,从这一角度讲,美国的供给侧改革在完善产业政策和配套设施、遏制产业转移方面有着较大缺陷。

因此,在制定宏观经济政策时,既要考虑短期的经济效应也要重视中长期效应。凯恩斯经济学的失灵,主要是在宏观调控过程中,过于看重其对经济增长的短期效应,而忽视了在中长期可能会带来的通货膨胀、财政赤字等消极后果;里根政府的执政,虽然在当时满足了美国政府对宏观调控"向后回调"的需求,通过强硬政策解决了美国的滞胀问题,但从中长期来看,仍然不免会有财政赤字进一步扩大、对资本的运营过度放任等缺点,最终导致实体经济出现空心化和金融泡沫泛滥。因此,在制定宏观调控政策时,必须要将政策的短期效应和中长期效应都考虑进来,及时关注可能出现的问题和缺点,有效解决相关政策可能带来的不良影响,保障经济的可持续发展。

二 日本的供给侧改革

第二次世界大战后,日本国内经济崩溃,百业萧条。通过美国的援助和支持,积极学习并引进欧美先进的科学技术,日本国民经济得到迅速发展,1965 年就恢复到了第二次世界大战前的水平,到 1968 年,国民生产总值跃居世界第二。到 1973 年,日本开始进入经济增速换挡期,从高速增长开始逐渐进入中低速增长,针对进入这一时期后所面临的社会经济问题,日本政府综合运用税收、法律、金融、财政等手段,从供给侧入手进行改革。

(一) 日本供给侧改革的历史背景

20 世纪 70 年代,在面临房地产长周期、刘易斯拐点、外部经济环境、内部能耗和环境污染日益加重以及劳动力成本的上升等问题的背景下,日本经济开始面临增速换挡和动力升级,日本经济的问题逐渐由总供给不足转向总需求不足。通过第一次供给侧改革,由"减量经营"切入，通过减轻企业负担、降低能耗与劳动力成本、疏散过剩产能和扶持新兴产业等措施，在一定程度上缓解了当时所出现的经济问题，经济得到一定恢复。进入20世纪90年代后，由于股票价格和房地产价格迅速下跌，人口结构老龄化、居民消费低迷、企业资本收益率减少等结构性问题日趋显著，社会总需求不断下滑，日本再一次进行了供给侧改革。

在20世纪70年代中后期基本实现工业经济后，日本主要的经济问题开始从供给不足向需求不足转变。经过长期施行凯恩斯主义政策，发现提高经济潜在增长动力在促进经济发展方面显得更为重要，因此开始逐渐转向实施供给侧改革。在70年代初期进行的第一次供给侧改革，主要针对具体的企业与产业，通过对应的干预措施的执行，推动生产力发展，从而推动总供给的增长；70年代中后期，工业化实现后，面临的问题开始由供给不足转向需求不足，在此背景下，推行凯恩斯主义，促进总需求增长。在此时的政策下，国家调控占据第一位，但同时出现了产能过剩等问题，因此，推行供给侧改革，通过激发民营经济主体活力、改革经济制度、创新技术等，来解决这些问题。由此看出，这时实施的供给侧改革是为了配合凯恩斯主义政策的实施以及解决其所带来的问题。

20世纪80年代中后期至90年代初，日本经济持续放缓，长时间执行的宽松货币政策导致越来越多的资金开始向房地产市场与股票市场聚集，最后出现了巨大的经济泡沫。进入90年代，股价与房价的迅速下跌，"泡沫经济"破灭，日本经济进入长期低迷状态，增速放缓。这一问题的出现很大程度上归因于其经济的供需结构的不匹配、有效需求与有效供给不匹配长期并存，经济结构性问题凸显。特别是产品的生产供给与社会发展的实际需求的不匹配，进一步加剧了产能过剩等问题，而仅依靠市场手段无法从根本上消除产能过剩的问题，进而导致供需错配。资本收益率下降、人口结构老龄化严重、资源配置率下降等经济结构性问题，也导致日本的供给结构与需求结构越来越难适应，最后导致日本经济在很长一段时间处于停滞状态。

在进入工业经济时代后，日本供需格局逐步开始由总需求过多向总需求不足转变，潜在增长率持续下滑，但与此同时，政府部门也意识到经济增长率的提升才是经济发展的重要体现。资本收益率的下降、老龄化问题让总需求难以借助传统的凯恩斯主义政策得到有效解决，加上资本与劳动力等生产要素缺乏，均要求日本政府重新立足供给视角，推行供给侧改革，提高资源的使用率，积极推进技术创新等来拉动经济增长。

（二）日本供给侧改革的演进过程和具体措施

日本第一次供给侧改革始于20世纪70年代。1973年，爆发了首次石油危机，这次危机导致当时主要的发达国家出现"滞胀"，日本也出现了物价高涨、失业率上升和企业倒闭等现象。石油价格上涨，钢铁、纺织等行业出现萧条；而企业投资和居民消费减少，经济年均增速由8%—10%逐渐降低至3%—4%。日本政府开始采取一些直接作用于企业的改革措施以实现经济结构的转型并改善资源错配问题。一方面通过针对"结构性萧条产业"[①]采取"去产能"的政策，通过制订过剩设备处理计划、推进企业改革与转型等方法，实施生产与价格的调整，解决过剩产能的问题。另一方面通过积极推进电子信息、核能发电、生物工程等新兴产业的发展，加大资金在科学技术方面的投入，带动日本经济转型升级。具体来说，政府主要通过以下措施来改革供给侧：第一，通过推动企业"减量经营"政策，减少能源消耗、减轻利息负担和降低劳动力成本，让制造业从传统的粗放式增长向高附加值增长方式转变。第二，政府引导节约能源消耗，通过行政指导和各种限制措施，引导经营效益差的企业关停并转，削减行业的生产能力，鼓励企业进行设备更新与技术改造，利用先进设备与技术降低能耗、节约能源。第三，减少企业在利息方面的负担，通过提高企业自有资本比率，降低利率水平和企业利息负担。第四，降低劳动

---

① 日本政府在1978年制定的《特定萧条产业安定临时措施法》（简称《特安法》）中，将平电炉、炼铝、合成纤维、造船等产业认定为"结构性萧条产业"。

力成本，企业通过雇用临时工、控制正式员工的录用人数等多种方式调整雇佣人数，降低人工成本。第五，对过剩产能进行疏散，通过制定《特安法》等法律文件，从制度层面，主动疏解与调整过剩产业与衰退产业。第六，重视生产率的提升，加大对新兴产业的扶持力度，促进信息科技在生产领域的运用，通过制定《特定机械信息产业振兴临时措施法》，给予企业税收和金融方面的优惠政策，积极推动电子计算机、高精度装备和知识产业的发展。

进入21世纪，日本政府开始推进第二次供给侧改革。当初进行的产业调整开始转向经济结构的改善，政策不再直接针对产业，而是通过提高生产效率，从供给层面解决经济结构性问题。一方面继续推动产业结构调整实现"去产能"，另一方面通过"技术立国"，采取相关措施促进科学技术创新，并从行政体系、经济结构、金融系统、社会保障、财政结构和教育体系六个角度出发，降低企业生产成本，促进劳动和资本流动，提高经济效益。通过放松管制，对政府所属的各类经营性机构实施民营化改革，更大程度上发挥市场机制的资源配置作用。通过税制改革，实施减税计划，激发社会经济活力。通过金融系统改革，推出"金融再生计划"，特别是对银行资产的严格监管，减少银行系统的不良债权，使金融系统的抗风险能力与融资效率得到有效提升。通过养老保险改革，增强社会保障制度的可持续性。

2012年安倍晋三执政以后，基于对总需求和总供给的充分考虑，在总需求增加的同时，进行供给侧改革。安倍执政初期采取的经济政策主要是"大胆的量化宽松货币政策""灵活的财政政策""着眼于促进民间投资的结构性改革政策"三大政策，这些政策主要侧重于增加总需求刺激经济增长。但经过三年的实施，并未使日本经济达到预期目标。因此在2015年安倍政府再次提出"支持面向未来的生育计划""打造强力经济""建立完善的社会保障制度"等政策，期望能够从供给层面促进日本经济增长，提高全要素生产率。

（三）日本供给侧改革的成效与评价

通过分析日本供给侧改革的演进过程发展可以看出，提高全要素生产率一直贯穿日本供给侧改革的始终。

总体来看,第一次供给侧改革取得了较大成功,改革后的日本逐渐成长为全球制造领域的强国,"减量经营"政策的实施显著提升了日本制造业的国际竞争能力,使得日本开始在世界制造业中崭露头角,到20世纪80年代初,日本成为世界主要经济体中能源利用效率最高的国家。其次,顺利完成了产业升级,电子、信息技术等产业逐渐取代传统的钢铁、石化等产业,并成为引导日本经济增长的支柱产业,此时的产业结构也由之前的资源与劳动密集型开始向技术与知识密集型转变。最重要的是,通过此次改革实现了经济稳步增长的目的。改革取得的巨大成效不仅使日本顺利通过了两次石油危机的考验,还使日本整个经济由高速增长阶段平稳过渡到平稳增长阶段。当然,也遗留了一些历史问题。例如,改革政策缺乏预见性,对经济形势把握不当,反复实行大规模财政刺激政策,"以债换债"使得国家债务危机严重;产业结构的调整效果不明显,经过石油危机后国际竞争更加激烈,加工行业和出口行业逐渐适应了国际趋势,汽车、精密仪器、电器机械等行业劳动效率提高明显,但其他行业尽管通过采取措施以提高效率,相对水平仍较低,产业间差距进一步扩大。

第二次供给侧改革,日本政府在金融体系改革和提高企业受益方面取得了一定成功,但并没有从实质上改变日本宏观经济状况,同时还造成了贫富差距进一步扩大。例如,在产业结构调整方面,主要针对原有产业的小修小补,没有完成深层次的技术创新和产业升级,从而未能建立起新的主要产业体系。20世纪70年代,日本的冶金技术、精密机械和钢铁与汽车制造堪称一流,90年代录像机、数码相机和传真机在世界也首屈一指,但进入21世纪后,在平板电脑、电视、智能手机等领域却悄无声息。因此,日本的供给侧改革也未完全解决日本经济所出现的问题。安倍政府通过广泛实施制度改革,减征法人税、推进贸易自由化和能源改革等,逐步消除了日元升值和高法人税等问题,但并没有从实质上解决日本经济增长乏力的状况。

三　英国的供给侧改革

第二次世界大战以后,西欧各国在"马歇尔计划"的援助下开始了大规模重建,各国经济得以迅速恢复。但相较其他国家,英国的经济增长速度明显偏慢。艾德礼政府按照凯恩斯主义对经济进行干预,通过需求侧管理来增加国内就业,并积极推进大规模国有化。但国有企业中普遍存在的效益低、官僚主义严重等问题严重阻碍了英国经济的进一步发展,还给政府带来了巨大财政压力,政府为弥补赤字增加国债发行并扩大货币供应量,导致物价持续上升,通胀率居高不下。1973年,爆发了首次石油危机,之后,全球经济进入低迷甚至倒退状态,布雷顿森林体系随之瓦解,英国国内出现了高通胀率、高失业率等经济危机现象,凯恩斯主义的需求侧刺激已经不能解决英国经济长期持续的滞胀问题。20世纪70年代,撒切尔夫人执政,开始大力推行供给侧改革。

(一) 英国供给侧改革经济背景

第二次世界大战后,凯恩斯国家干预理论盛行,英国前后掀起了两次国有化浪潮,到1979年,国有企业在国民经济中占比达到最高点。改革初期,在传统工业的发展与社会基础的建设上,国有企业确实起到了无法替代的作用,但国有企业内部仍然存在低效率、无法收益最大化、预算约束困难等问题。20世纪70年代后期,国有企业效率低下的问题越来越严重,开始大面积出现亏损。而此时,社会福利支出增长过快,远超经济增速,财政难以支持。高福利导致高税收,企业税率过高,导致投资意愿降低,个人工作积极性下降。英国政府不得不增加货币供应量和扩大举债规模,导致膨胀率持续增长。

第二次世界大战之前,英国主要从其殖民地输入食品和原料,向海外输送工业产品;第二次世界大战之后,整个殖民体系土崩瓦解,英国所需的工、农业产品要以付费的方式从殖民地独立的新国家进行购买。而此时国内的工业品所具有的竞争力持续减弱,最后导致进口增长远超出口增长，出现严重的商品贸易逆差。另外，政府庞大的海外驻军开支，也进一步加剧了逆差。面对持续的经济滞胀，以凯恩斯主义为经济政策的工党政府无力解决，撒切尔夫人领导的保守党击败工党，政府采取的经济政策开始由刺激需求端向改革供给侧转变。

（二）英国供给侧改革的具体措施

撒切尔夫人执政后，坚决反对通过社会福利的增加与投资的扩大来驱动消费与就业，反对通过国家干预来刺激需求，而是通过市场机制作用的发挥、国家干预的减少等措施扭转了当时英国经济的低迷状态。同时及时淘汰缺乏竞争力的"夕阳"企业，大力扶持中小型新兴技术公司。具体来说，包括以下几个方面。

第一，大力推行私有化，鼓励自由市场经济。通过减少国有产权在经济中的比重，增强经济活力和提高效率。一方面通过股票的公开发售，以出售全部或部分的形式将国有企业或混合所有制企业的股份转让给私营企业，或将股份出售给本企业的管理人员和雇员；另一方面直接将小规模的国有企业出售给私营企业。

第二，推行鼓励开放的竞争政策，逐步放松管制。取缔物价管制委员会，缩小国有企业享受的巨额权利；破除邮电通信与石油等行业的垄断性，鼓励自由竞争与自由市场经济；废除外汇管理体例，实施英镑汇率自由浮动的外汇政策；放松对金融体制的监督与管理，通过废除固定佣金制度、允许外资对伦敦证交所的会员经济号进行收购、实现电子化股票交易等措施，恢复甚至提高了全球金融业中伦敦所拥有的国际竞争力。

第三，制定实施减税政策，充分发挥市场在资源配置中的决定性作用，减少政府干预，切实促进经济效率的提升。通过调整和降低个人所得税税率、提高个税起征点、降低公司税税率，减轻公司和个人的税收负担，激发企业投资动力，同时，大力简化税收程序，提高征税效率。

第四，基于货币主义对货币的供应量进行控制，将通货膨胀的治理问题放在比充分就业更突出的位置。通过对货币供应量的严格控制，降低贷款发放额度,提高银行利率,减少在市场上流通的货币量,通过国内需求的压缩来实现对高通货膨胀的控制。

第五,减少政府福利支出,对现有的社会福利制度进行改革与优化,同时注重提高公共产品的市场化程度。推进住房私有化改革,居住年限达到一定要求的公有住房可根据市场价进行折扣购买;通过高校助学金制度的改革、私立学校的发展等,进一步推进学生贷款制度建设;对养老金制度进行调整,不与工资增长率挂钩,降低养老金发放标准;在公共医疗方面,倡导发展私人诊所;失业救济方面,严格失业登记制度。

(三)英国供给侧改革的效果与评价

撒切尔政府的改革,着眼于长远的系统性调整,而结构性调整短期内难见成效,可能抑制当下的经济增长,甚至可能会因为利益的再分配引发社会问题。在改革初期,大规模的私有化和货币主义使得英国失业率居高不下,社会收入差距扩大,给社会带来了冲击,甚至遭到了民众的强烈反对。但从长期来看,供给侧改革为英国扫清了经济增长中的结构性和制度性障碍,为今后的经济发展奠定了基础。

从宏观上看,取得了显著的经济成效,各项宏观指标持续改善;同时,使得英国的经济自由度显著提高;大力推进新兴产业和现代服务业的发展,失业率明显降低。但是,在分配方面没有采取一定的措施,使得普通民众的生活水平没有明显提高。金融过度自由化,1992年索罗斯投机英镑,迫使英镑贬值,2008年国际金融危机,英国损失严重,这都与过度金融自由化分不开。

四 其他国家供给侧改革对中国的经验教训和启示

(一)美日英供给侧改革对供给侧结构性改革借鉴意义

美国与英国在推行供给侧改革前,财政赤字严重。为应对国际金融危机,我国推出了多项财政政策刺激计划,导致宏观杠杆率从2008年的138%上升到2014年的218%,债务余额在六年间增长了四倍。

当前产能过剩企业和房地产企业吸引了大量资金投入，在一定程度上阻碍了市场出清，积累了金融风险。所以，在推行供给侧结构性改革时，第一步就是去产能、去库存、去杠杆，降低风险利率，减轻政府负担。

历史上，美日英三国的供给侧改革都通过减税来降低企业成本，刺激经济增长。从结果来看，减税可以降低企业成本，激发企业活力，但同时也提高了政府支出压力，扩大了政府财政赤字。所以，在推行供给侧结构性改革时，还是要坚持减税降费，但在推行时需要有更多时间运筹帷幄。

第一，美日英三国的供给侧改革的关键在于发挥企业的作用。美国政府通过低税收和高利率，在经济层面，解除石油价格管制、解除部分行业市场准入禁令，打破垄断；在社会层面，重视服务业发展，大力推动以信息技术为代表的高科技产业的发展，放松对企业的限制。我们在推行供给侧结构性改革时，不仅要通过减税降费降低企业成本，还要通过降低人工、能耗、物流成本和制度性交易成本，激发企业家创新精神。

第二，提升有效供给。在美日英三国进行供给侧改革后，政府针对不同产业进行结构性改革，发展新兴产业、重视科技研发和教育、推行自由贸易等，提高了市场的有效供给。日本在第二次供给侧改革时发现，供给结构不能适应经济环境的变化，有效供给的结构性改革一直停滞不前，这才是导致20世纪90年代日本经济长期低迷的原因。随着全球经济社会的发展，我国劳动力的低成本优势逐步丧失，在低端市场，难以与全球其他低收入国家进行竞争，而在中高端市场，由于自身研发能力和人力资源的限制，又难以与高收入国家抗衡，在这一环境中，很容易失去经济增长的动力。因此，供给侧结构性改革能否成功，关键在于能否发展适应新需求的新供给，实现经济增长从要素驱动转向创新驱动。

凯恩斯的财政刺激计划短期可以见效，但供给侧改革见效较慢，改革中财政整顿、减税经费和淘汰落后产能等措施可能在短时间内不被理解，所以往往阻力重重。国际金融危机后，中国经济面临着由于需求刺激带来的资产价格泡沫、产能过剩等问题，推进供给侧结构性改革势在必行。虽然改革过程充满艰辛，但改革会为今后经济发展打下良好基础，所以应以坚定的意志推进供给侧结构性改革。

（二）美日英供给侧改革对供给侧结构性改革的启示

美日英三国的改革其实并不能直接称其为"供给侧改革"，而应称其为"里根经济学""小泉经济学""撒切尔经济学"等，但其政策的制定和理论的源泉是供给经济学理论。供给经济学的核心是"拉弗曲线"，里根政府在推行改革时，用"拉弗曲线"向人们承诺，改革不会带来痛苦，因为减税不会减少反而会增加税收的总量，所以不会引起赤字增加。我们在进行供给侧结构性改革时，不能也不必照搬别国模式，而应当结合现实国情确定改革指导理论和实践重点，以此来衡量改革是否取得成功。

一方面，稳健的货币政策是改革的必要条件。西方各国在面对石油危机冲击时，采取适应性货币政策来解决，通过发行货币来缓解经济压力，但制造了更大的痛苦，通货膨胀率高涨、失业率居高不下同时发生，政府用行政手段干预物价和工资，资源配置效率大幅下降，结果宽松的货币政策反而造成了负面作用。而当前我们所面临的形势与之不同，我们在货币政策上应当保持稳定性。

另一方面，改革并不意味着政府干预的增加。改革只是体制的变革，也是结构性的，不存在总量改革。结构性减税、简政放权属于改革，它们致力于减少干预，调整好政府与市场的关系。而采取去产能、去库存和去杠杆，是因为市场机制不能充分发挥作用，当然不能只是看到当前完成了去产能和去库存的任务，更重要的是建立长效健康的发展机制。此外，供给侧结构性改革还有一个重点，是增加有效供给，提升"高新尖"产品和产业比重。通过改革，摸索出更加市场化、效率更高、弊端更少的方式方法，科学调整政府与市场的关系，有效促进高新产业发展，才是成功的改革。

第六章 供给侧结构性改革的理论特色

通过前文对供给学派、马克思供给和需求理论以及改革开放以来主要的经济实践和经济理论的梳理,我们发现,供给侧结构性改革的理论是以历史唯物主义的逻辑作为其理论逻辑的,是基于马克思主义政治经济学尤其是马克思主义再生产理论和中国特色社会主义经济理论所提出的,并结合了中国经济改革的具体实践,是习近平经济思想的重要体现,而习近平经济思想对供给侧结构性改革有重要的指导作用。因此,供给侧结构性改革的理论有独特的理论特色。

一 历史唯物主义的逻辑是供给侧结构性改革的理论逻辑

没有唯物史观就没有正确的、卓有成效的社会主义实践。改革开放 40 多年来建设中国特色社会主义的实践及成就证明了这一点。在唯物史观看来,对社会存在与社会意识的辩证关系的分析,必须坚持唯物辩证的观点,而对生产力的最终决定作用的考量,应当放在上层建筑与经济基础、生产关系与生产力的矛盾运动中进行,此逻辑正是供给侧结构性改革的理论逻辑。

(一) 社会存在决定社会意识是供给侧结构性改革的逻辑起点

社会存在和社会意识作为社会发展过程中不可或缺的两个部分,对经济改革起着重要作用。作为社会物质生活条件总和的社会存在,其中涵盖了物质资料的生产方式,而生产方式对社会发展起着决定性作用，社会存在所体现的生产方式包含了生产力和生产关系。社会意识是社会生活的精神方面，是社会存在的反映，社会意识建立在社会经济基础上，且受制于上层建筑。社会意识和社会存在两者的辩证关系体现在社会存在对社会意识有决定性作用，而社会意识又会反作用于社会存在。所以，这种关系说明社会形态不同将形成差异化的社会意识。

如何区分社会意识和社会存在，是基于社会总体结构方式而提出的。坚持历史唯物主义的逻辑，势必要在处理社会存在和社会意识之间的关系时，坚持唯物辩证的观点。在社会发展的过程中，社会存在作为物质资料的生产方式，决定着社会意识。而社会意识的来源，只能基于社会存在。国家的历史文化、传统道德、国内外的各种思想，对我们的物质生活都有着影响，但这些只属于社会意识范畴，而不能归入社会存在。正确看待社会存在与社会意识的关系，才能让我们真正把握供给侧结构性改革的逻辑起点。

供给侧结构性改革，是在综合研判世界经济形势和当前我国经济发展新常态这一背景下所提出的。供给侧结构性改革作为经济改革政策，属于社会意识范畴，而当前的经济发展现状属于社会存在范畴。在这一背景下提出供给侧结构性改革，正是体现社会存在决定社会意识、社会意识是社会存在的客观反映这一理论逻辑和辩证关系。

此外，马克思提出社会存在是人的生活和实践的过程，而社会意识是对实际生活的具体反映，人作为社会发展的主体，社会中的各种物质都是由人所创造，但并不意味着人可以随意创造社会意识与社会存在。同时，人创造物质也创造精神，但是人是在一定的生产关系中进行创造的，并且所创造的物质是适应生产力发展需要的。所以，我们在实施和推行供给侧结构性改革时，必须符合当前经济社会发展的实际，如果与其发展不符，则就违背了社会发展的规律，无法促进生产力的发展。

（二）生产力与生产关系矛盾运动是供给侧结构性改革的理论动力

生产关系和生产力两者的矛盾运动对社会的发展产生了积极的推

动作用。如果生产关系与生产力的发展相适应，在这一生产关系下的所有制和分配制度既有利于生产资料的所有者，也有利于生产者；如果生产关系与生产力的发展不相适应，甚至前者对后者的发展形成了阻碍作用，那么在这一生产关系下的所有制只适合原有的生产资料所有者的发展，而不符合新的生产资料占有者的利益。

从生产力与生产关系的矛盾运动看，供给侧结构性改革是为适应这个阶段生产力发展而提出的生产关系变革。当前中国的经济背景较之前已经发生了翻天覆地的变化，国际方面，面临着国际形势的巨大变化，全球经济发展整体放缓；国内方面，经济新常态对经济改革提出了新挑战，经济增长方式的转变、生产要素的转变等都迫切需要新的改革措施的推行和实施。生产力的变化必然会带来生产技术和生产方式的变化，因此生产结构，也就是前面所说的生产要素结构、生产自身的管理结构等都必须进行调整，以适应生产关系。若生产的结构不能适应生产方式的变化，那么在生产力发展的过程中就会出现结构性的矛盾。而随着时间的演变，矛盾积累，出现供给与需求之间的不匹配，并在某一时间爆发，导致生产与生活出现问题，从而影响整个经济社会的发展。

对当前经济发展来说，经济新常态的出现很大程度上是因为生产结构的调整和变化落后于生产技术方式的转变，从而导致生产关系的调整变化与生产力的需求不匹配。从全球经济角度看，当前正经历着第三次科技革命，信息技术和物流技术的快速发展，使全球的生产和消费的方式都发生了巨大的变化。在新的生产力的影响下，企业生产的全球化和资本的全球化增强，各国的资本积累在全球经济网络中循环，大众消费也更加趋向于多样化和个性化。因此，生产结构必须进行调整才能适应这样的变化。

（三）人的自由全面发展原则是供给侧结构性改革的落脚点

马克思认为，人必须在一定的历史条件下才能进行创造活动。在进行创造时，必须符合历史发展规律，故而这个活动在创造时是被限制的。而这个限制，既不属于人的主观愿望的约束，也不由人的抽象本性所决定的，而是由人所处的社会（或社会的生产方式）所决定的。人作为社会历史的主体，推动着社会的发展，因此社会发展的根本性目的也是满足人的需要。人所有的活动目的，都是通过实践活动进行产品和服务的生产，从而满足自身不断变化的需求。马克思所追求的目标是人的自由全面发展，这也是人类彻底解放的根本标志。马克思之所以对资本主义发展规律进行研究和批判，并在此基础上探讨社会未来发展方向，都是为了实现人的自由全面发展。

以人民为中心是供给侧结构性改革的根本出发点。供给侧结构性改革的目的就是满足人的需要，主要体现在以下几个方面：首先，一切改革和发展都是为了人民。在推行供给侧结构性改革时，把满足人民群众的实际需要、增进人民福祉和提高人民生活水平作为改革的目标，把实现人的自由全面发展作为改革的出发点和落脚点，把落实、实现和维护人民的根本利益作为改革的根本目的，真正体现了以人民为中心这一观点。其次，一切改革和发展都要依靠人民。人民作为推动供给侧结构性改革的主体，要充分发挥人的主观能动性，激发人民群众的创造力，更好地推动供给侧结构性改革的具体实践。最后，一切改革和发展的成果都由全体人民共享。在推进供给侧结构性改革时，要充分考量城乡发展的均衡、收入分配体系的均衡，加大对医疗、教育、交通等基础设施的建设，让人民能够更加公平共享改革的成果。

当前我们仍然并将长期处于社会主义初级阶段，还需要进一步加强社会物质财富的积累，促进医疗、教育等基础设施的进一步完善，促进生态环境的进一步好转，促进更多的人实现自由全面发展。推进供给侧结构性改革，其目的就是更大程度上解放和发展生产力，扩大有效供给，满足人对商品、生活和生产的需要，为提高人的素质和发挥人的潜能打下物质基础。当然，在改革的具体实践中，一方面要加大科技投入，实施创新驱动发展战略，通过提供更高水平的供给提升生活水平；另一方面也要解决社会民生福祉的短板问题，让全体人民能够公平共享改革成果。社会主义的本质要求便是公平和共享，而要实现人的自由全面发展，前提条件也是公平共享，没有公平就没有真正的自由，没有共享就无法实现全面发展。所以，供给侧结构性改革是促进人的自由全面发展的战略选择。

二 供给侧结构性改革的理论基础

（一）马克思主义政治经济学尤其是马克思再生产理论

马克思有关供求关系的分析主要贯穿社会再生产理论、生产过剩理论和有计划的调控思想等理论体系。这一脉络包含了供需的平衡（社会再生产）、失衡（过剩）和解决措施（有计划调控），通过分析这三个理论体系，探讨其如何指导和推动供给侧结构性改革的理论发展。

在《〈政治经济学批判〉导言》中，马克思分析了社会再生产过程中生产、分配、交换和消费之间的辩证关系。其中生产起决定性作用，没有生产就没有分配、交换和消费的对象。生产、分配、交换和消费四个环节构成了一个总体，在这个总体内部形成差别。整个过程是从生产开始的，生产支配着其他环节和要素，而交换和分配不具有支配作用。从分配角度看，包括产品的分配和生产要素的分配，而生产要素的分配其本身也是生产的一个要素。因此，生产决定分配、交换和消费，以及它们之间的关系；同时生产本身也将受到这些要素和要素之间关系的影响。随着市场规模的不断扩大，生产规模也会不断扩大，社会分工也更细、更发达。就生产和消费的关系来说，生产影响着消费，它能够创造出消费的材料，没有生产，就没有消费对象。因而，我们可以说，生产创造了消费，但消费也会影响生产。正是消费为产品的使用提供了主体，产品对这个主体而言才是产品，只有在消费中，产品才能成为现实中的产品，才能最终实现其价值。同时，消费激发消费者对生产新产品的需要，从而创造出新的需求，而新的需求也会成为生产的动力和前提。由此可见，在供给与需求的关系上，供给占首位并起决定性作用，但供给与需求之间实际是相互依存和相互影响的，供给决定需求，需求制约供给并反作用于供给。

此外，供给与供给结构对生产的决定作用，还被上升到生产关系层面（或制度层面）进行分析。马克思在谈到生产、分配、交换和消费之间的关系时，提出"在分配是产品的分配之前，它是（1）生产工具的分配，（2）社会成员在各类生产之间的分配（个人从属于一定的生产关系）——这是同一关系的进一步规定。这种分配包含在生产过程本身中并且决定生产的结构，产品的分配显然只是这种分配的结果。如果在考察生产时把包含在其中的这种分配撇开，生产显然是一个空洞的抽象"[①]。这也就说明，资源配置的结构受到生产工具和社会成员的分配关系的影响，即生产关系或制度的性质将决定资源配置的结构，并对供给和供给结构产生重要影响，因而收入分配的结构实际上是生产关系结构和供给结构的必然结果。

在《资本论》第三卷中，马克思详细论述了供求之间的关系。需求和供给之间可能因为各种社会因素的影响，出现不平衡和不匹配。但供给与需求之间的关系也不能被简单地看作市场中供给产品不满足需求，而应当站在历史发展的角度上，根据人与人之间的社会关系和经济制度来具体问题具体分析。在不同的生产关系中，供给和需求的社会属性也不一样。前面所分析的具体劳动和抽象劳动，反映的是物与物的关系，而买方与卖方、生产者和消费者体现的是人与人的关系。所以，在探讨马克思关于供求关系的分析时，除了分析物的关系，还要分析其背后的人（社会）的关系。因此，马克思在分析需求结构时，还融入了对制度供给的分析，需求的规模和结构取决于制度的性质和结构，而制度又决定了分配的关系和分配的比例。所以，不能仅从物质层面出发，还要从社会关系角度出发，探讨供给需求结构的平稳和失衡问题。

要解决总供给总需求失衡的问题，马克思谈道，"只有当社会生活过程即物质生产过程的形态，作为自由联合的人的产物，处于人的有意识有计划的控制之下的时候，它才会把自己的神秘的纱幕揭掉。

[①] 《马克思恩格斯全集》（第30卷），人民出版社1995年版，第37页。

但是，这需要有一定的社会物质基础或一系列物质生存条件，而这些条件本身又是长期的、痛苦的发展史的自然产物"[1]，从而实现"在需求方面有一定量的社会需要，在供给方面则有不同生产部门的一定量的社会生产与之相适应"[2]。这里谈到了要"控制"生产，通过控制"生产"可以建立起供给和需求之间的某种联系，即蕴含了要对社会生产进行控制。只有根据社会对商品的需要，在生产时进行"预定的控制"，有计划地分配和调控社会生产，才能使供给和需求相适应。在资本主义生产关系下，社会生产与社会需要之间是无法建立起有"计划"的关系，主要原因在于生产资料的私有制，这一所有制关系使得社会生产的根本目的是取得剩余价值；而唯有基于社会主义制度（生产资料为公有制），才能有计划地对生产力的发展进行调控，才能在生产和消费之间建立起联系，在生产（供给）方面进行控制。

由此可见，马克思在对总量和总量关系进行分析时，特别重视结构关系的分析。他从制度和生产关系的高度，分析了总供给和总需求规模以及影响二者结构的决定理论；社会再生产理论强调生产第一位，应当从供给角度推动社会经济的发展；社会再生产理论中，两大部类之间和各部类内部结构性失衡揭示了当前经济结构性失衡的原因，有计划调控角度阐述了在宏观经济视角下如何解决当前经济所出现的问题。马克思的供给理论和对供给侧的结构性分析是我们进行供给侧结构性改革的重要理论来源。

（二）习近平经济思想

供给侧结构性改革是适应和引领经济发展新常态的重大创新，更是推动我国经济转型升级的突破口和着力点。中国已经从站起来、富起来迈入强起来的时代。在新时代背景下，社会的主要矛盾也发生了改变，而供给侧结构性改革正是解决这一主要矛盾的重要举措。此刻，需要结合中国改革发展的实践，总结和构建新的经济理论，指导和推进改革；通过

---

[1] 《资本论》（第一卷），人民出版社2004年版，第97页。
[2] 《资本论》（第三卷），人民出版社2004年版，第209页。

增强经济发展动力的持续性和持久性，推动产业结构的优化和升级，创造更多更丰富的物质财富和精神财富以实现人的自由全面发展。

党的十八大以来，以习近平同志为核心的党中央，深入研究世界经济和我国经济面临的新情况新问题新规律，并不断进行理论提升，为马克思主义政治经济学的创新发展贡献出中国智慧，开拓了马克思主义政治经济学新境界，逐步形成了当代中国特色社会主义政治经济学。2016 年 7 月 8 日，习近平总书记在主持经济形势专家座谈会时指出："坚持和发展中国特色社会主义政治经济学，要以马克思主义政治经济学为指导，总结和提炼我国改革开放和社会主义现代化建设的伟大实践经验，同时借鉴西方经济学的有益成分。中国特色社会主义政治经济学只能在实践中丰富和发展，又要经受实践的检验，进而指导实践。要加强研究和探索，加强对规律性认识的总结，不断完善中国特色社会主义政治经济学理论体系，推进充分体现中国特色、中国风格、中国气派的经济学科建设。"①

习近平经济思想是习近平新时代中国特色社会主义思想的重要组成部分，是我国经济高质量发展、全面建设社会主义现代化国家的科学指南，蕴含着坚定的理想信念、鲜明的人民立场、宏大的全球视野，既坚持用马克思主义的立场、观点、方法观察时代、把握时代、引领时代，又坚持用马克思主义政治经济学之"矢"去射新时代中国经济发展之"的"；既系统回答新时代中国特色社会主义经济建设中的重大问题，又创造性地解决马克思主义经典作家没有讲过、前人从未遇到过、西方经济理论始终无法解决的许多重大理论和现实问题，以一系列原创性贡献推动马克思主义政治经济学创新发展，丰富和发展了马克思主义政治经济学。

2017 年 12 月召开的中央经济工作会议，首次总结并阐述了习近平新时代中国特色社会主义经济思想。党的十九届六中全会《决议》在党的十九大报告的基础上，用"十个明确"对习近平新时代中国特

---

① 《习近平关于社会主义经济建设论述摘编》，中央文献出版社 2017 年版，第 331 页。

色社会主义思想的核心内容作了新的概括，其中，"明确必须坚持和完善社会主义基本经济制度，使市场在资源配置中起决定性作用，更好发挥政府作用，把握新发展阶段，贯彻创新、协调、绿色、开放、共享的新发展理念，加快构建以国内大循环为主体、国内国际双循环相互促进的新发展格局，推动高质量发展，统筹发展和安全"①，就是对习近平经济思想的高度概括。

第一，坚持党对经济工作的全面领导。这是我国经济发展的根本保证，为我国经济发展提供正确方向指引。党的领导不仅是我国特色社会主义制度的最大优势所在，也是我国特色社会主义最本质特征所在。该论断对党在经济工作中发挥的统一领导作用予以了充分体现。唯有坚持此重要决策，才能在变化的时代趋势中把握发展规律，在推动改革实践时，坚持经济建设为中心这一原则，将其与四项基本原则和改革开放原则统一起来，推动社会经济的发展，将这一政治优势与经济优势结合起来，保证经济发展的重要性，推动社会主义现代化建设；此外，坚定党对经济工作的统一领导，还可以更好地发挥政府在改革中的作用，为推动供给侧结构性改革提供有效的组织保证。

第二，坚持以人民为中心的发展思想。这是我国经济发展的根本立场。人民对美好生活的向往就是我们的奋斗目标，发挥人民主体作用是推动发展的强大动力。坚持这一发展理念，顺应人民期待、解决人民问题，站在人民的立场来部署经济工作、制动经济政策、推动经济发展，才是真正地为人民群众办实事、真正地提升人民群众的幸福感。推进供给侧结构性改革，急人民之所急、想人民之所想，通过增加人民福祉，实现人的自由全面发展，最终达到共同富裕等作为改革的初衷与落脚点，这样才是真正坚持了"以人民为中心"的发展思想，实现全社会的共同富裕。

第三，坚持把握好我国新发展阶段的特征。这是我国经济发展的历史方位。党的十九届五中全会提出，全面建成小康社会、实现第一

---

① 习近平：《习近平著作选读》（第二卷），人民出版社2023年版，第562页。

个百年奋斗目标之后,我们要乘势而上开启全面建设社会主义现代化国家新征程、向第二个百年奋斗目标进军。这标志着我国进入了一个新发展阶段。经济新常态是实行供给侧结构性改革的重要时代背景,要推进供给侧结构性改革,必须准确把握经济新常态的特征,即增长速度向中高速转换、发展方式向质量效率型集约增长转变、产业结构转向中高端、增长动力向创新驱动转换等。这一系列特征为制定具体的供给侧结构性改革措施提出了指导性意见。

第四,坚持完整、准确、全面贯彻新发展理念。这是我国经济发展的指导原则。新时代抓发展,必须更加突出发展理念,坚定不移地贯彻创新、协调、绿色、开放、共享的新发展理念。新发展理念科学系统回答了新发展阶段我们党关于实现高质量发展的立场、方向、途径等重大问题,既是行动指南,也是工作要求。要坚持把新发展理念作为指导未来发展的指挥棒、红绿灯,真正做到崇尚创新、注重协调、倡导绿色、厚植开放、推进共享。

第五,坚持加快构建新发展格局。这是我国经济发展的路径选择。从根本上说,构建新发展格局,是适应我国新发展阶段要求、贯彻新发展理念的战略抉择。要坚持扩大内需这个战略基点,依托国内大市场优势,畅通国民经济循环,实行高水平对外开放,塑造我国国际经济合作和竞争新优势,加快构建以国内大循环为主体、国内国际双循环相互促进的新发展格局。

第六,坚持推动高质量发展,深化供给侧结构性改革。这是我国经济发展的主题主线。我国正处在转变发展方式的关键阶段,必须推动高质量发展,才能使供求关系在新的水平上实现均衡。要紧紧抓住经济调整窗口期,坚持"巩固、增强、提升、畅通"八字方针深化供给侧结构性改革,加快建设现代化经济体系,推动经济发展质量变革、效率变革、动力变革。

第七,坚持深化改革开放。这是我国经济发展的根本动力。改革是解放和发展社会生产力的关键。要坚持和完善公有制为主体、多种所有制经济共同发展,按劳分配为主体、多种分配方式并存,社会主义市场经济体制等社会主义基本经济制度，坚定不移地推进市场化改革、扩大高水平开放，推动有效市场和有为政府更好结合，构建更加完善的要素市场化配置体制机制，健全目标优化、分工合理、高效协同的宏观经济治理体系，为全面建设社会主义现代化国家提供不竭动力。

第八，坚持国家重大发展战略。这是我国经济发展的战略举措。要以更宽广的视野、更长远的眼光来思考和把握国家未来发展面临的一系列重大战略问题。党中央统筹推进"五位一体"总体布局，部署实施了创新驱动发展、区域协调发展、新型城镇化、乡村振兴、军民融合发展等一系列重大发展战略，对我国经济发展变革产生了深远影响。要综合考虑国内外发展趋势和我国发展条件，为实现既定战略目标和解决突出问题而不断进行战略突破，在把握战略全局中推进各项事业发展。

第九，坚持统筹发展和安全两件大事。这是我国经济发展的重要保障。牢牢守住安全发展这条底线，是构建新发展格局的重要前提和保障，也是畅通国内大循环的题中应有之义。必须坚持总体国家安全观，把安全发展贯穿到经济发展的各领域全过程，加快完善安全发展体制机制，统筹推进新冠疫情防控和经济社会发展，确保产业链供应链稳定安全，实现高质量发展和高水平安全的良性互动与动态平衡，这是鲜明的时代要求。

第十，坚持正确策略和方法。这是做好经济工作的重要方法论。推动经济持续健康发展，不仅要有正确的思想和政策，而且要有正确的工作策略和方法。要坚持运用、丰富和发展马克思主义政治经济学的科学方法论，增强战略思维、历史思维、辩证思维、创新思维、法治思维、底线思维能力，坚持稳中求进工作总基调，坚持系统观念，坚持目标导向和问题导向相结合，坚持集中力量办好自己的事，以钉钉子的精神抓落实，不断提高经济治理能力和水平，开创新时代经济工作新局面。在推进供给侧结构性改革时，稳定经济是重点，在降低风险、稳定就业、发展方式等方面谋求创新促进改革，使经济健康发展。

三 习近平经济思想对供给侧结构性改革的指导作用

(一) 贯彻新发展理念,深化供给侧结构性改革

按照新发展理念,持续推进供给侧结构性改革,充分体现了全面提升经济发展质量的内在要求,与供给侧结构性改革之间有较高的一致性。

创新是引领发展的第一动力,这一动力决定了发展的效能与速度以及能否实现可持续发展。供给侧结构性改革要求制度革新、结构优化、产业升级,其实质都是创新,制度的创新要求处理好政府与市场之间的关系,科技的创新要求以重大科技创新为引领,加快科技创新成果向生产力转化,加快构建产业新体系,优化升级经济结构,培育新供给。

协调既是发展手段也是发展目标,更是评价发展的标准和尺度。供给侧结构性改革既需要协调好供给侧和需求侧的关系,也要平衡好稳增长和调结构的关系,更要稳定好淘汰落后产能和提高供给质量的关系。当前经济发展出现的不平衡、不协调、不可持续等问题,可以通过区域的协调发展、城乡的协调发展、物质与精神文明的协调发展、经济发展与社会稳定的协调发展等措施解决。因此,协调这一理念既是推动改革的手段,也是改革实践所需要实现的目标。最终,通过处理好这些问题,实现宏观政策稳、产业政策准、微观政策活、改革政策实和社会政策托底的目标。

绿色发展,就是要处理好人与自然之间的关系。人类的发展活动,都必须从尊重、顺应和保护自然的角度出发,我们不能站在自然界之外去支配自然,更不能以牺牲自然环境实现经济社会的发展。供给侧结构性改革必须通过约束低端供给发展,建立供给侧生态、环境和资源管理机制,形成绿色、低碳、环保的发展方式和生活方式,改变过去破坏自然、牺牲环境的经济发展方式,提高资本、劳动力等生产要素的配置率,让良好的生态环境成为人们生活质量提高的增长点。

开放，顺应经济全球化潮流，充分运用全人类创造的先进科技成果和管理经验。在积极参与全球经济治理的同时，加快形成与世界经济深度融合的互利共赢制度体系，面对国际国内两个市场，既可以推动国内企业进行产业升级，提高在国际分工中的地位作用，又可以获得国际市场的优质供给，使人民生活水平获得切实提升。

共享，是基于人的发展视角，按照以人民为中心的理念，逐步推进共同富裕的实现。共享包括全民共享、全面共享、共建共享和渐进共享四个方面。通过立足国情、立足当前的经济社会发展水平，施行有效的制度安排，实现全民共建共享，形成供给侧与需求侧的平衡发展，达到进一步解放生产力、实现经济发展动力转换的目标。

（二）坚持以人民为中心的发展思想，推进供给侧结构性改革

供给侧结构性改革要坚持以人民为中心，从根本上回答了经济发展为了谁、依靠谁和谁享受的问题。人民是历史的创造者，是经济发展的主体，同时也是发展成果的受益者。习近平总书记指出，"供给侧结构性改革的根本目的是提高社会生产力，落实好以人民为中心的发展思想"[①]。该论断说明了推进供给侧结构性改革的实质，即在发展社会生产力的同时使人民对美好生活的需要也得到满足。转变经济增长方式、调整经济结构、促进产业升级、提高全要素生产率都是供给侧结构性改革的过程和方法，其最终目的是坚持"以人民为中心"，满足人民对美好生活的需要。

发展为了人民，在推进供给侧结构性改革的时候，应当着力满足人民群众的需求，把增进福祉、提高生活水平和质量、促进人的自由而全面的发展作为出发点和落脚点，把实现好、维护好和发展好最广大人民群众的根本利益作为推进改革时的根本目的。在"三去一降一补"政策当中，去产能还蓝天碧水于人民、去杠杆还金融安全于人民、去库存还住房稳定于人民、降税费减企业负担增经济收益于人民、补短板加大基础设施、民生建设、脱贫攻坚造福于人民。发展依靠人

[①] 《习近平关于社会主义经济建设论述摘编》，中央文献出版社2017年版，第102页。

民,在推进供给侧结构性改革时,把人民作为发展的力量源泉,充分发挥人民群众的创新创造精神,通过拓宽就业渠道、完善就业政策、健全民主制度等,动员和组织广大人民群众积极投身到中国特色社会主义事业建设中。发展成果由人民共享,大力促进城乡之间的均衡发展,不断完善收入分配制度,加强医疗、教育、救助帮扶等公共服务基础设施建设,让全民共享社会公共服务产品,真正做到幼有所育、学有所教、劳有所得、病有所医、老有所养、住有所居、弱有所扶。

(三) 运用新时代主要矛盾的变化,推动供给侧结构性改革

随着经济社会的发展,社会的主要矛盾已由人民日益增长的物质文化需要同落后的社会生产力之间的矛盾转变成人民日益增长的美好生活需要和不平衡不充分的发展之间的矛盾[①]。矛盾的转化有两个表现:一是从需求的角度来讲,人民有了层次更高的文化与物质需要,还有了人权保障、民主法治、生态保护等需要;二是就社会生产而言,我国的生产力水平有了质的提升。根据马克思的辩证唯物主义和历史唯物主义,矛盾为事物的发展提供了一般动力。人的需要和缺乏两者间的矛盾是推动人类社会发展的最初动力。此矛盾的变化是与我国发展有关的历史性变化,是推动社会改革的重要力量。

如何解决经济发展的不平衡和不充分问题,主要是从经济发展的"数量"和"质量"两个角度来解决的。而供给侧结构性改革的重要目标之一,就是要解决当前经济发展的"无效供给过多、有效供给不足"。无效供给过多主要体现在制造业和部分低端产业的产能相对过剩。有效供给不足则主要体现在高端制造业和现代服务业领域。供给侧结构性改革,通过调整产业、加大创新投入、加强品牌建设、提高产品质量、实现价值链升级,"供给侧结构性改革的根本,是使我国供给能力更好满足广大人民日益增长、不断升级和个性化的物质文化

---

① 习近平:《决胜全面建成小康社会 夺取新时代中国特色社会主义伟大胜利——在中国共产党第十九次全国代表大会上的报告》,人民出版社2017年版,第11页。

和生态环境需要,从而实现社会主义生产目的"①。

(四) 以建设社会主义现代化强国作为推进供给侧结构性改革的目标

供给侧结构性改革不仅是在经济领域的改革,在行政领域、社会领域也伴随重要的改革措施,其目标是推动我国建成富强民主文明和谐美丽的社会主义现代化强国。深化供给侧结构性改革,就是要实现"更高水平的供需平衡,经济方面真正实现由高速增长转向高质量发展"。供给侧结构性改革,一方面通过深化要素市场化配置,提高配置效率,提升经济发展的质量;另一方面通过加强实体经济建设,优化供给产业结构,提高供给体系质量,提供更多高质量的产品与服务,以形成高质量发展要求的市场体制;此外,加大制度创新,转变政府职能,激发企业生产活力,构建经济稳定可持续发展的新动力,推动国家创新驱动发展战略。例如,当前深化供给侧结构性改革的重点任务——"补短板",这既是优化供给结构和扩大有效需求的结合点,也是保持经济稳中求进和推动高质量发展的结合点,更是发展经济和改善民生的结合点。这些措施与目标无不都是为了最终目标——建成富强民主文明和谐美丽的社会主义现代化强国而努力奋斗。

---

① 《习近平关于社会主义经济建设论述摘编》,中央文献出版社2017年版,第98页。

第七章　供给侧结构性改革的理论创新

供给侧结构性改革理论，既不同于萨伊和供给学派的供给理论，也不同于传统的计划经济结构调整理论，而是从当前中国国情和现实发展阶段出发，继承和发展了马克思主义政治经济学，是习近平经济思想的主要内容之一，是对中国特色社会主义政治经济学理论的重大创新。

习近平总书记指出："我们讲的供给侧结构性改革，同西方经济学的供给学派不是一回事，不能把供给侧结构性改革看成是西方供给学派的翻版，更要防止有些人用他们的解释来宣传'新自由主义'，借机制造舆论……供给侧结构性改革，重点是解放和发展生产力，用改革的办法推进结构调整，减少无效和低端供给，扩大有效和中高端供给，增强供给结构对需求变化的适应性和灵活性，提高全要素生产率……我们讲的供给侧结构性改革，既强调供给又关注需求，既突出发展社会生产力又注重完善生产关系，既发挥市场在资源配置中的决定性作用又更好发挥政府作用，既着眼当前又立足长远"。[①] 因此，从本质上讲，供给侧结构性改革的目的，是使我国供给能力更好地满足广大人民日益增长、不断升级和个性化的物质文化和生态环境需要，从而实现社会主义生产目的。

---

① 习近平：《习近平著作选读》（第一卷），人民出版社2023年版，第442页。

一 供给侧结构性改革理论是马克思主义政治经济学的继承和发展

供给侧结构性改革是在马克思社会再生产理论的基础上所进行的创新,提出从供给端切入,通过经济结构的调整,切实推进经济体制的优化革新。这和西方供给学派仅注重市场配置资源作用、放松政府对资源的管制不一样。供给侧结构性改革理论强调供给侧和需求侧必须进行有机结合,既不能脱离供给只谈需求,也不能脱离需求只看供给。同时也进一步明确了无效供给与有效供给,供给侧结构性改革主要是为了扩大有效供给、减少无效供给,从而提高供给结构对需求结构的匹配程度。这都是基于马克思主义政治经济学的相关理论,并与中国的实践相结合,是对马克思主义政治经济学的继承和发展。

(一)供给侧结构性改革理论强调辩证看待供给与需求关系

供给学派的基本思想是,生产而不是消费产生收入,没有生产就不可能有消费;在供给与需求的关系问题上,供给是"因",需求是"果",供给决定需求而不是需求决定供给,因此,经济研究和政府政策重点都应该在供给方。供给侧结构性改革既强调供给又关注需求,两者必须联系起来。需求的结构、对象、水平与方式取决于供给,供给是需求得以满足的基础与前提;需求对供给具有引导作用,为供给提供动力支持,缺乏需求的供给毫无价值。马克思指出,从根本上说生产决定消费,消费反过来会对生产起作用。作为社会再生产的最终环节,消费是经济活动的最终目的,一切经济活动都是为了满足需求而进行的。

在重视供给端的同时,供给侧结构性改革理论要求在具体改革过程中,不能弱化甚至忽视需求管理。我们不是推崇需求紧缩理论,而是强调供给和需求两手都要抓,但矛盾的主要方面,还是在改善供给结构上。实际上,需求侧与供给侧属于宏观经济的两个方面,供给的调整要以需求进行引导,新的需求要创新供给予以满足,两者相互影响。当前,消费投资不足、市场机制失灵等所导致的供需不平衡不匹配会造成市场纵向的内向性收缩,加大潜在增长和实际增长的差距,降低资源配置率,使经济稳定发展受到不利影响。因此,对需求侧也必须给予足够重视。基于供给侧结构性改革理论的正确指导,同时做好需求侧的兼顾工作,适当扩大总需求,通过需求的释放,激发出更多的供给,而新供给又会反过来促进需求潜力的提升,使需求更具活力。

(二)供给侧结构性改革理论坚持了生产力与生产关系的辩证统一

马克思指出,生产力发展水平决定生产关系,生产关系对生产力具有反作用。生产关系与生产力发展相适应,就会促进社会发展,反之,则会阻碍社会进步。同时,社会再生产是生产关系的再生产、是制度体制的再生产,需要破除旧的生产关系创立新的适应生产力发展的生产关系,才能推动生产力的发展。

生产关系的改革主要通过制度创新来体现。而制度创新也是供给能力与水平提升的关键。供给侧结构性改革的推进,既要重点解放和发展生产力,也需要破除抑制供给结构转型升级的体制机制,推动市场关系的改革,调动广大人民群众的积极性和创造性,增强微观主体内生动力,不断推动产业结构升级。

供给侧结构性改革的具体措施是为适应现阶段生产力发展所进行的生产关系的变革,体现了生产力与生产关系的辩证统一。当前国内外经济形势和客观经济发展状况,决定了当前生产力的发展;供给侧结构性改革措施的施行,正体现为适应这一生产力发展对生产关系所进行的改革,符合生产关系始终与生产力发展相适应的规律。所以说供给侧结构性改革理论正是生产力与生产关系辩证统一的重要体现。

(三)供给侧结构性改革理论进一步明确了政府和市场的作用

供给侧结构性改革理论,强调在社会经济发展过程中,既要充分发挥市场在资源配置中的决定性作用,又要更好发挥政府作用。通过进一步完善市场机制,矫正以往过多地依靠行政配置资源带来的要素配置扭曲。为此，对各种扭曲制度与政策予以调整，提高市场主体所具有的活力，充分发挥市场所起到的决定性作用，是新形势新背景下对社会主义市场经济的深化与完善，并非返回之前的计划经济。过去市场的结构性矛盾产生的主要原因之一就是政府干预过度，市场机制所具有的作用未能充分发挥出来。

供给侧结构性改革理论，一方面强调要减少政府干预，避免出现计划经济思维；另一方面又需要明确政府权力的便捷性，更好地发挥市场这只看不见的手的作用。当前经济发展过程中呈现出譬如杠杆率过高、产能过剩、成本太高、库存积压太多、短板明显等问题，本质上都是因为市场的作用未能有效发挥出来。通过实施改革，放低准入门槛，政府维护竞争环境的公平性，为市场作用的发挥创造有利条件，通过市场的机制去实现企业出清和解决生产过剩，通过改革与创新现有的机制体制来处理结构性问题，充分发挥出资源配置中市场所起的决定性作用。

二 供给侧结构性改革理论具有鲜明的中国实践的特色

新中国成立至今，在以马克思列宁主义基本原理为指导的基础上，结合中国具体国情，逐渐形成了毛泽东思想、邓小平理论、"三个代表"重要思想、科学发展观和习近平新时代中国特色社会主义思想等中国特色社会主义政治经济学理论，指导中国社会主义建设实践并取得了巨大的成功。随着经济建设的不断发展，问题也不断被解决。但问题也会随着实践的变化而变化，所以理论必须同步发展才能更好地对实践进行指导。面对我国经济新常态中出现的各种具体实践与具体问题，习近平总书记创新性地提出了供给侧结构性改革理论，丰富和发展了中国特色社会主义政治经济学理论，结合中国经济社会发展的实践，回答了一系列的重大问题，作出了重要的理论创新。

（一）供给侧结构性改革理论提出了当前中国经济发展的阶段性特征

党的十九大报告指出，我们仍处于并将长期处于社会主义初级阶段的这一基本国情没有变，我国是世界上最大的发展中国家的国际地位也没有变。但经济进入新常态，是当前中国经济发展的阶段性特征。经济新常态意味着经济发展的条件和环境已经发生变化，从过去三十多年的10%的高速增长量的变化趋势转向质的变化，从过去只需满足人民日益增长的物质文化需要（量的增长）转变为满足人民日益增长的美好生活需要（质的提升）。因此，发展作为第一要务的事实并未改变，但是发展不仅是量的增长，更要求质的提升，是质与量的统一。

供给侧结构性改革理论从以下几个方面对当前经济的阶段性特征进行了论述。首先，从经济发展看，经济实力显著增强，但生产力总体水平还不高，自主创新能力还不强，结构性的矛盾和粗放型的增长方式仍未改变。在供给侧结构性改革理论的指导下，从供给侧角度出发，解决结构性矛盾，通过数量关系调整和质量的提升，保质保量促进经济的增长。其次，从经济体制看，社会主义市场经济体制初步建立，但依旧有制约机制体制发展的因素存在。基于供给侧结构性改革理论的正确指导，全面深化改革，实现经济社会全面协调可持续发展。最后，从人民生活和发展的协调性看，当前已基本达到小康水平，但地区之间、城乡之间的不平衡，导致在教育、医疗等基础设施和公共服务方面还存在一定困难。在供给侧结构性改革理论的指导下，既要促进城乡经济协调发展，也要统筹兼顾各方利益、提升公共服务能力。

（二）供给侧结构性改革理论明确了中国经济发展的目的

供给侧结构性改革理论鲜明地提出供给侧结构性改革的最终目的是满足需求，根本途径是深化改革。必须把改善供给侧结构作为主攻方向，从生产端入手，提高供给体系质量和效率，扩大有效和中高端供给，增强供给结构对需求变化的适应性，推动我国经济朝着更高质量、更有效率、更加公平、更可持续的方向发展。

作为社会主义市场经济重要构成部分的中国经济，在发展过程中以市场为手段，以社会生产为目的，旨在实现公平、正义与共同富裕。

通过社会再生产，两大部类之间的交换以及部类内部的交换，需求者可以实现实物的互通，满足需求；供给者也可以在价值上获得补偿与收益。所以，供给侧结构性改革有着明确的目的与目标，通过结构性调整，使人民日趋多样化、不断升级的需求得到满足，扩大有效供给，更好地实现人民群众的美好生活愿望。

（三）供给侧结构性改革理论充分体现了新发展理念的内涵

供给侧结构性改革理论创新性地回答了经济发展过程中如何重构中国发展优势，实现与自然、社会、世界和谐发展的问题，充分体现了新发展理念的内涵。新发展理念，是我国目前甚至今后很长一段时间的发展思路、发展方向和发展着力点的集中体现。贯彻落实新发展理念，需要坚持供给侧结构性改革，通过从要素驱动转向创新驱动，统筹区域与城乡协调发展，推进生产文明建设，培育新的国际竞争优势，提高共享发展水平。这些政策无不体现供给侧结构性改革理论与新发展理念的高度契合。

供给侧结构性改革理论对经济增长动力的论述，要求通过创新发展，推动产业升级、培育新兴产业、创造新供给，以新供给激发和释放多层次的新需求，在更高层面实现新的供需平衡。一方面，通过创新引导制造业智能化、精细化发展，推动现代服务业向价值链两端延伸，提高农业现代化水平；另一方面，通过创新生产要素配置方式和组织方式，矫正要素配置扭曲和低效，推进"三去一降一补"有效实施，提升传统优势产业供给效率，扩大有效供给；此外，通过创新推动"互联网＋"的新产业、新业态和新模式的发展，形成新的经济增长点，推动新兴产业成长。

当前经济发展过程中的不平衡、不充分和不协调的问题，很大程度上是源于经济制度和经济体制与生产力的不匹配。协调发展就是要处理好社会各个领域、各个产业之间的关系，增加有效供给，优化供给机制，深层次释放制度红利，整体提升制度供给质量，增强中国特色社会主义制度的优势和实力。通过改革形成所有制结构、产业结构、区域结构等合理平衡的经济体制，"新思想、新智慧、新创作"竞相迸发的文化体制，人与自然和谐发展的可持续发展体制，公平、正义、和谐、共赢的社会治理体制，这些体制都是协调理念在供给侧结构性改革中的重要体现。

过去粗放式的发展方式，过度强调需求的重要性使得环境、生态和资源等要素一直被忽视；过度开发、破坏生态平衡的生产方式，高耗能高污染的发展方式，让经济的可持续性无法得到保证。坚持绿色发展理念，厘清自然、环境与人类经济社会发展的重要性，对实施供给侧结构性改革有着重要的作用。在供给侧结构性改革理论指导下，以转变经济发展方式，让新能源、新环保等绿色产业的创新发展成为新的驱动力和增长点；以行政、法律等手段，让生产者承担由于自身原因而导致的环境污染、生态失衡的成本，推动经济社会的绿色发展。

全球经济增长的乏力使得单纯从需求侧管理来推动出口的增加已不现实，必须构建全球化改革战略格局，扩大开放中拓展战略空间，形成新的竞争优势。在全球分工体系中，要通过产业结构的调整，促进国内产业向中高端发展；在全球经济发展过程中，坚持互利共赢的开放政策，积极推进高水平的"走出去"与"引进来"；按照"一带一路"倡议的部署，逐步构建立足周边、辐射沿线、面向全球的贸易网络；巩固在国际经济社会中的地位和作用，通过推动国际经济治理体系的完善、协调好国际宏观经济政策，提高国际话语权，促进全球经济的合作共赢。

改革开放以来，经济飞跃发展的同时也带来收入差距扩大、区域发展失衡等问题。以共享发展理念为指导，在公共服务领域推进供给侧结构性改革，从民生底线和公共服务切入，建立全面基本保障体系，有序增加公共服务供给，扩大医疗、教育与养老等社会供给，让全体人民共享经济发展成果，切实增强发展动力。

（四）供给侧结构性改革理论指出了当前经济发展的关键点

习近平总书记强调要从供给侧结构性改革上想办法、定政策，通过去除没有需求的无效供给、创造适应新需求的有效供给，打通供求渠道，努力实现供求关系新的动态均衡。①

中国经济发展中要解决的主要矛盾是体制机制保障和供求关系的结构性失衡，因而不需要把整个体制机制推倒重来或对供求关系进行全面调整；中国经济发展中结构性问题的解决关键靠改革，改革要以问题为导向，围绕体制机制中阻碍市场供求关系调整的问题一个一个地去解决，有什么问题解决什么问题，既不扩大，也不回避。现阶段，我国经济面临的重大结构性失衡主要表现在以下三个方面：第一是实体经济结构性供需失衡，低端和无效供给与个性化、多样化需求不匹配；第二是金融和实体经济失衡，金融杠杆率进一步加大，实体经济又缺乏有效的投资来源；第三是房地产和实体经济失衡，大量资金涌入房地产市场，导致实体经济发展陷入低迷。因此，只有解决好这些关键的结构性问题，才能更好地丰富和发展供给侧结构性改革的理论。

在供给侧结构性改革的理论指导下，通过"三去一降一补"改革措施的实施，去房地产库存、解决产能过剩的问题，降低金融杠杆率、减少税费，减轻企业负担；适时加大对基础设施的投资和建设，这些改革措施的实践，让我们充分认识到当前经济发展的关键在供给侧。因此，要坚定不移地推进供给侧结构性改革，推动经济社会进一步发展。

三　供给侧结构性改革理论是中国特色社会主义政治经济学的新篇章

供给侧结构性改革是宏观政策和微观政策的结合，也是发展和改革的结合，既包含了发展的要求，也包含了体制改革的要求和统筹国内外两个大局的需要，是经济体制改革与经济发展具体要求的体现。供给侧结构性改革理论既区别于以凯恩斯主义为代表的需求决定论，也区别于以萨伊定律为核心的供给经济学，坚持以马克思主义政治经

---

① 习近平：《论把握新发展阶段、贯彻新发展理念、构建新发展格局》，中央文献出版社2021年版，第136页。

济学为指导，结合中国特色社会主义理论，具有鲜明的中国特色。供给侧结构性改革既要在数量上调整供给的结构和构成，也要在质量上推进供给结构系统的转型升级。因此，它既体现了生产力的调整，也包含了生产关系的变革。在改革的过程中，既强调了市场所具有的决定性作用，也强调了政府的监督与引导作用。供给侧结构性改革理论，是在结合中国经济改革实践和国际国内背景之下，对我国特色社会主义理论作出的进一步发展与丰富，开启了我国特色社会主义政治经济学的新篇章。

供给侧结构性改革是一种基于中国实践的理论综合性集成创新。在全球经济发展的浪潮中，基于当前经济社会的发展实践和已经出现的问题，中国经济必须转型升级，解决由于供需错配所导致的结构性问题。供给侧结构性改革理论也正是在这一背景下提出的。理论源于实践，扎根于实践，并最终指导实践，这都为供给侧结构性改革解决当前经济发展所出现的问题提供解决思路。从国内经济理论发展的角度看，供给侧结构性改革理论必须具有社会主义政治经济学的传承性和理论方向性，与时俱进地发展、充实和细化中国特色社会主义政治经济学，为供给侧结构性改革提供有力的理论支撑，才能避免主流理论缺失所出现的理论混乱。供给侧结构性改革的理论是在综合研判国际形势和国内经济新常态背景的基础上，集合全体劳动人民的智慧，在不断的实践探索中凝结成的理论结晶，是中国特色社会主义政治经济学的新发展和新篇章。以下从中国特色社会主义政治经济学角度出发，分析供给侧结构性改革的理论创新。

（一）供给侧结构性改革理论是对社会主义经济制度的调整和完善

从社会主义本质的角度出发，供给侧结构性改革就是在解放和发展社会主义生产力的要求下，对社会主义经济制度不断进行调整和完善，其核心标志就是不断提高资源配置的效率、不断提升全要素生产率、不断满足全国人民福利水平的提升需求。正是从这种本质论出发，我们可以超越"市场"与"政府"、"国有"与"私有"等二元主义在理论与实践中的困境，将各项政策和改革的落脚点放在解放和发展生产力这个本质之上。当然，在改革的过程中，不同阶段的改革目标是不一样的。从初期看，以"三去一降一补"为内容的"五大攻坚战"是解放生产力的切入点；从中期看，解放生产力的核心在于积极克服政府与市场失灵导致的供需错配问题，避免经济增速大幅减弱引发新问题；从长期看，制订各产业发展计划，推进产业从中低端走向中高端，同时制定和实施创新发展战略，推进各类创新等。因此，微观层面的市场主体再造、中观层面的产业政策和发展战略的重构、宏观层面的调控体系改革与运行体系的疏导，都应着眼于此、着力于此。

（二）供给侧结构性改革理论是对社会主义所有制关系的发展与创新

从社会主义所有制角度出发，所有制作为生产关系的重要体现，对生产力的发展有着重要的影响。在生产力与生产关系的辩证统一规律下，生产关系必须与生产力的发展相匹配。供给侧结构性改革，正是从生产关系角度出发，从所有制关系入手，通过对国企制度进行改革，建立起新型的适合当前经济和产业基础发展的所有制模式。国有企业改革本质上要坚持"效率导向""能力导向""市场导向"，构建能够持续发展生产力的新型的、动态的所有制结构体系。在推进国企改革时，首先，可以通过破产和并购等方式淘汰国有企业中的僵尸企业，去除无效供给和低端产能；其次，可以通过企业重组，进行混合所有制改革，进一步完善市场经济体系，保证各主体平等参与市场竞争；再次，通过发挥政府、国有企业和私营企业在经济发展中的不同作用，组建多层次的创新体系，政府政策的支持、国有企业资金支持和私营企业较为灵活的管理方式，能够更好促进国有企业的改革；最后，通过全球产业分工的优势和特点，建立健全全球发展战略体系，发展能够应对全球化竞争的市场主体，使得企业能够在全球竞争中实现技术和产业的发展与突破。

（三）供给侧结构性改革理论是对社会再生产理论的创新运用

从市场运行的角度看，供给与需求的失衡并不仅仅是供给或需求某一方面出现了问题，而是在社会再生产的四个环节都出现了问题，是多环节的市场失灵。因此，我们不能仅仅从消费环节来寻找产生问题的根源和探寻解决问题的答案,不能简单地从凯恩斯主义或供给学派中寻找答案,而是必须着眼于生产、分配、流通和消费等多个环节。当然,作为社会再生产的起始环节,生产所涉及的所有制关系、企业劳资关系等在市场运行中的作用更为重要。当前所出现的产能过剩问题、需求不足问题和结构性错配,都要站在社会再生产这一整体角度进行分析,从整体调整、全面改革、协调发展的角度来展开。例如,消费不足的核心原因在于收入分配制度,而收入分配的核心又在企业的劳资关系,因此要解决消费不足的问题,既不能只依靠凯恩斯主义所倡导的积极的财政政策与货币政策,还需要在生产关系领域方面,积极改造扭曲的劳资关系,全面重构企业的权力体系,强化国家的再分配功能,解决因分配不平衡所导致的消费不足问题。

(四)供给侧结构性改革理论是对社会运行整体规律的进一步完善

从社会发展的整体角度看,市场供需体系出现问题,并不仅仅是市场本身运行出现了问题,还意味着经济与政治、社会之间也出现了问题。根据经济基础决定上层建筑这一原理,经济体制和经济结构等对供需不平衡必然产生影响。例如,政府的权利越界,干预资源配置,都可能会影响供给结构。因此,为了实现经济持续健康发展、供需平衡,不能仅仅从供给和需求角度、市场运行角度进行改革,还要落脚于政府管理模式、利益构成结构等方面。因此,供给侧结构性改革必须与协调推进"四个全面"战略布局为核心,以适应经济新常态为背景,以"新发展理念"为指导,以"五大政策支柱"为工具,以"五大攻坚战"为突破口。中国特色社会主义政治经济学也将在全面吸收这些新理念、新实践的基础上,不断实现新的创新、突破和发展。

第八章　供给侧结构性改革的实践背景、实质内容与核心问题

供给侧结构性改革是在我国经济新常态下，通过体制改革驱动经济发展新动力，推动社会生产力水平实现整体跃升的重大改革方略与必由之路。

一　供给侧结构性改革的实践背景

新中国成立以来，以毛泽东同志为主要代表的中国共产党人，根据马克思列宁主义普遍真理与中国社会主义建设的探索实践，阐明了社会主义基本矛盾，初步探索了社会主义经济管理体制机制改革，提出了正确处理经济建设中重大关系的方式方法，形成了适合中国国情的社会主义工业化和现代化的发展道路、动力系统和制度基础。改革开放以来，以邓小平同志、江泽民同志、胡锦涛同志为主要代表的中国共产党人，根据马克思主义政治经济学基本原理，结合中国改革开放发展和社会主义市场经济的具体实践，提出了中国特色社会主义经济体制改革与改革开放理论、社会主义初级阶段基本经济制度和分配制度理论、社会主义市场经济中的宏观调控理论等，形成了对马克思主义经济学发展具有历史性贡献的中国特色社会主义政治经济学理论体系，科学回答了在发展社会主义市场经济过程中，如何通过体制改革与制度创新解放和发展社会生产力，促进社会经济健康可持续发展，

不断满足人民日益增长的物质文化需要等重大理论与实践问题。

党的十八大以来,以习近平同志为核心的党中央继续强调要转变发展方式,促进经济持续健康发展,指出要实现尊重经济规律、有质量、有效益、可持续的发展。通过稳增长、转方式、调结构,推动经济持续健康发展,关键是全面深化经济体制改革。同时,针对国民经济运行"三期叠加"的特征和资本产出率、人口增量和全要素生产率"三降"带来的经济发展动力明显减退趋势,创造性地提出经济新常态、新发展理念等与转变发展方式理论一脉相承的治国理政新思想、新方略。在我国经济运行特征、要素供给条件和供给结构发生转折性变化、经济发展动力减退的形势下,创造性地做出我国经济已进入新常态这一历史判断,强调认识新常态、适应新常态、引领新常态,是当前和今后一个时期我国经济发展的大逻辑。根据此逻辑,提出推进供给侧结构性改革重大战略思想与战略部署,强调在适度扩大总需求的同时,着力加强供给侧结构性改革,着力提高供给体系质量和效率,增强经济持续增长动力,推动我国社会生产力水平实现整体跃升,并强调供给侧结构性改革重点是解放和发展社会生产力,用改革的方法推进结构调整,减少无效和低端供给,扩大有效和高端供给,增强供给结构对需求变化的适应性和灵活性,提高全要素生产率。

结合我国的发展历程来看,中国经济经过30多年的高速增长后,在全球经济普遍下滑并陷入低迷的大背景下,开始进入结构性减速与发展换挡阶段。在这一阶段,需要告别传统的依靠要素投入的粗放型增长模式,向高效率、低成本、可持续的中高速增长模式全面转型。因此,经济新常态需要从中国经济发展的历史性特征和内生经济增长规律的阶段性变化上进行全局把握。在这一阶段,一些有别于过去发展历程的发展特征愈加凸显,最明显的是依靠数量扩张的经济增长模式已经难以支撑当今体量如此庞大的经济,并继续实现高速增长。特别是随着人口红利消失、要素成本快速上涨、资源配置效率改善减弱、要素供给效率和潜在增长率的下降,中国比以往任何时候都需要通过推动体制改革与制度创新,激发经济发展新动力,进一步提升国家竞争力,实现重构国家竞争优势的目的,最终完成伟大复兴中国梦的历史任务。

因此,在经济增速换挡、结构调整阵痛、动能转换困难相互交织的经济发展环境条件下,如何积极适应、把握并引领新常态,坚持中国特色社会主义政治经济学的重要原则,坚持社会主义市场经济改革方向,按照完善和发展中国特色社会主义制度、推进国家治理体系和治理能力现代化的总目标,推进供给侧结构性改革,并依据供给侧结构性改革的思路与要求,探索方向定位合理并具有重大牵动性和外溢性的重点领域和关键环节的突破性改革,以优化结构、增强动力、化解矛盾、补齐短板为依托,推动中国社会生产力水平实现整体跃升,增强经济发展质量和效益,以实现动能转换与高质量发展,是我国深化供给侧结构性改革、驱动经济发展新动力中的重大历史课题。必须将马克思主义政治经济学的基本原理和中国经济发展新常态的阶段性特征有机结合,探索并深化供给侧结构性改革。

二 供给侧结构性改革的实质内容

供给侧结构性改革的实质内容在于紧扣世界经济运行的周期性特征、中国经济新常态发展的基本特征和供给侧所面临的突出问题,以体制改革突破供给侧结构性问题,通过解决结构性问题,推动经济发展新动力的形成,继而通过动能转换提高全要素生产率,最终实现推动中国经济高质量发展的根本性目标。通过供给侧结构性改革解决结构性问题,核心在于完善要素市场结构、打造科技创新激励体制、优化政府公共服务能力与制度质量。改革的目标是将过去的要素驱动发展变为通过结构优化、科技创新和制度公平三大新动力,推动全要素生产率的创新驱动型发展,促进实现我国社会生产力整体跃升和经济可持续发展的总体目标。

(一)第一阶段:实施"三去一降一补"五大任务

供给侧结构性改革的第一阶段,主要实行"三去一降一补"政策,即去产能、去库存、去杠杆、降成本和补短板。2018年以前,主要以政府主导的去产能、去库存和去杠杆为主,对宏观经济起到了一定的调结构、稳增长作用,特别是国民经济增长速度达到了预期目标,顺利实现了新常态的增长速度稳着陆。然而,也必须看到,"三去"的实现仍然具有显著的政府干预色彩。虽然在政府的强势主导下淘汰了一大批无效产能和僵尸企业,但并未完全实现以体制机制改革促进经济结构改革的根本目的,反而可能影响微观经济个体,如降低居民和企业部门的市场预期和激励作用,甚至可能使得宏观调控政策的边际效应进一步减弱。

为了促使未来中国经济稳定发展,适应经济运行特征及规律要求,在政策取向上,应充分发挥市场的调节作用,简政放权,激活市场;依据市场经济和经济发展运行特征及规律要求,依法有序而又科学合理地改善宏观调控体系;鼓励创新,将经济增长的动力源由投资驱动转向协同创新;促就业,提高生产劳动参与率和劳动生产率;固实体,确立实体经济是稳定经济增长、扩大内需、控制通胀的基本保障,也是增进社会财富、提升综合竞争力的物质基础的基本理念。

2016年以来,政府宏观调控思路实现从传统的重需求管理、重短期刺激向供给与需求两手抓的重大转变,供给侧结构性改革成为政策主线。改革主要围绕"去产能、去库存、去杠杆、降成本、补短板"五大任务快速展开。其中去产能与去库存的力度尤为强大。去产能不仅在一定程度上减少供给,对市场供求关系产生实质影响,同时也会给市场一个积极预期,由于过剩产能的淘汰,市场供求关系也发生了变化。在去产能政策的作用下,2016年以来,传统行业产品价格持续回升,经营环境也在不断改善。钢铁行业、煤炭开采、水泥制造等主要去产能行业,盈利能力从2016年以来持续提升,股价也不断上涨。在国家鼓励房地产去库存的大背景下,多地政府陆续出台地方版的房地产去库存政策,促需求、减投资成为地产行业的主基调。各地商品房待售面积同比增速持续下行,2016年12月库存增速开始转为负数。去杠杆,则需要根据不同企业的规模、所有权特征、行业特征和区域特征，鼓励"好"的杠杆，去掉"坏"的杠杆，优化信贷资源的均衡配置。通过发展多层次资本市场，显著提升直接融资特别是股权融资的比重，通过引入优先股模式，将部分商业银行债务、部分财政投资转变为优先股；采取一系列积极政策，鼓励优质上市公司通过资本市场股权融资实施并购重组，盘活存量降低企业的杠杆水平。去杠杆意味着直接融资规模的提升，多层次资本市场的发展，债转股、并购、重组的巨大市场的形成，极大地扩展了未来股市的内涵和外延。

降成本主要体现在税收的结构性调整上。高税率是经济增长的抑制剂，只有降低税率，才能增加生产要素供给、提高资源的配置效率、刺激经济增长。供给侧结构性改革的重要一环就是减税。由于宏观税负中大部分通过税负转嫁，最终由家庭部门承担，恶化了家庭部门在国民收入中的分配地位，导致消费不振；第三产业总体承担的税负比第一、第二产业重，也不利于经济转型中的产业升级；较重的税负同时也恶化了小微企业的生态环境，不利于科技创新型小微企业发挥自主创新的主力军作用。因此，减税政策必将是供给侧结构性改革的重点，特别是要实施针对性减税措施，支持经济结构调整与产业转型升级。

补短板则主要体现在全面深化改革上。近年来，为实现保持经济态势平稳、经济发展转向高质量增长模式等目标，我们坚持全面深化改革、全方位推动政治改革与经济改革同步进行，尤其是在国民经济的核心领域、关键领域提供大量政策支持与制度供给。通过全面深化改革、制度供给创新，对经济发展领域的短板进行针对性补强，包括"三农"问题、区域协调发展、科技创新、现代服务业发展、环境保护等领域。在推动结构优化方面，通过大力推动先进制造业与现代服务业深度融合的产业升级路径，借助制造业的比较优势和市场潜力，推动产业结构的转型升级；推动发展现代服务业，提升劳动生产率和全要素生产率，构建更加完善的要素市场体系，通过提高资源配置效率，优化产业结构。在提升技术创新能力方面，高度重视科学研究与技术创新投入，提升科研水平与教学质量，现代服务业的规模、质量有了明显进步,专利数量实现了新的飞跃。特别是5G等信息技术领域的发明专利数量大幅提升,表明我国正在逐步由模仿型和追赶型创新转向以原创性技术进步为核心的自主创新;通过建设国家创新体系、打通产学研用创新渠道、加强知识产权保护等创新制度建设和持续的制度供给,有效保障技术创新在未来经济发展中的核心地位。在制度公平方面,政府高度重视文化、卫生等民生基础设施供给。例如,在落后农村地区积极开发旅游资源,以实现美丽乡村、精准扶贫等目标;交通基础设施方面,建成总长世界第一、覆盖全国的高速铁路网,建成包括港珠澳大桥在内的具有世界领先水平的桥梁工程,完善了国家交通网络,对促进实现区域平衡发展等战略目标具有重大意义。

(二)新阶段:结构优化、科技创新、制度公平驱动经济发展

以供给侧结构性改革驱动经济发展,核心在于理顺政府与市场关系、完善要素市场制度结构、促进要素资源自由流动、提高要素配置效率,实现要素控制权的公平均衡配置。完善要素市场体制结构,重点在于调整好产业结构、协调好实体经济和虚拟经济比例关系,从而实现经济发展结构优化。

1. 结构优化

(1)以制度结构改革推动产业结构合理化,促进产业结构升级

多年来,非均衡粗放投资驱动型的改革发展模式产生了较多制度安排与制度结构上的缺陷,诱发了结构不匹配问题。例如,中低端产品过剩,而高端产品不足;传统产业产能过剩,而高新技术和现代服务业供给不足;企业出现融资难、融资贵等问题,而金融体系又积累了大量债务存在潜在风险等。这些结构不匹配问题制约了供给侧生产要素效率的提高与经济发展动力的有效驱动。因此,必须以提升全要素生产率为核心目标,通过制度创新和全面深化改革,在要素市场和产品市场两端,破除阻碍要素流动的制度性障碍,处理好资本、劳动和土地等主要要素市场的空间配置扭曲问题。此外,目前的央地关系在地方政府提升发展绩效的同时,也加剧了要素分配不合理所产生的产业结构同质化的矛盾。为打破产业同构等路径依赖问题,中央政府

要继续优化制度设计，进一步完善地方政绩考核机制和产业政策制定模式。

（2）调整优化虚拟经济与实体经济比例关系为中心的经济结构

资本市场的完善与多层次资本市场的构建是当前经济背景下实现促进资本优化配置、调整优化产业结构、协调实体经济与虚拟经济比例关系的重要制度保障。完善并构建多层次资本市场，核心在于在厘清政府与市场关系的基础上，充分发挥市场在资源配置中的决定性作用；同时还要正确处理主板、中小板、创业板以及场外市场之间的比例和结构关系。

首先，去除无效供给。促进增长动能转换，保护发展好优质产能和市场份额，减少无效的低端供给。具体来说，就是要去过剩产能，实现煤炭、钢铁、船舶、水泥、电解铝等行业压减过剩产能目标任务，用市场的办法淘汰落后产能。随着消费升级显著加快，以高端消费为代表的品质消费快速崛起，但在消费升级加速的同时，供需矛盾日渐突出，商品的结构难以满足居民对于品质消费增长的需求。增加有效供给，着力补齐短板，是推进供给侧结构性改革的关键点之一。补齐短板的核心实际上在于三个转变，即实现资源驱动向创新驱动的转变、低端生产向中高端生产的转变和传统业态向新兴业态的转变。

其次，进一步促进城镇化发展。我国目前的城镇化存在区域发展不协调等问题。东部沿海地区率先开放发展，形成了京津冀、长三角、珠三角等一批城市群，并成为国民经济重要的增长极。与此同时，中西部地区发展相对滞后，城市发育明显不足。根据国家发展相关要求，城镇化水平和质量将在未来一段时间内稳步提升，更多农民将通过转移就业提高收入，通过转为市民享受更好的公共服务，从而使城镇消费群体不断扩大、消费结构不断升级、消费潜力不断释放；同时也会带来城市基础设施、公共服务设施和住宅建设等巨大投资需求，为经济发展提供持续的动力。

最后，完善要素市场定价机制。要素市场在经济结构中具有基础性、战略性地位。要素市场结构决定了生产要素配置和经济发展的协调性和平衡性，要素价格体系决定了要素资源的流动性与公平高效配置，供给侧结构性改革的进一步实施，必然要求全面深化经济体制改革，而探索建立符合我国经济发展导向的合理要素市场定价体系，是题中应有之义。第一，要明晰要素产权制度基础，优化要素交易市场制度结构，引导要素资源控制权公平配置，化解要素供给结构性失衡问题。第二，借助资本市场优化资源合理配置，发挥市场价格机制的倒逼作用，化解要素定价机制、要素资源配置和要素流动中的权利黏附及利益束缚带来的要素结构失调，修正要素价格体系，促进产业结构优化升级，协调虚拟经济与实体经济关系，促进经济"脱虚向实"，以资本市场反哺实体经济。第三，发挥产业技术和金融的协同创新作用，以金融促进企业成长。将资本流动向技术创新型企业和产业引导，让金融产品回归本质价值，反映创新型企业的市场价值，发挥资本市场在"三去一降一补"中的正向作用。第四，要向市场化方向改革股票发行上市制度，构建尊重市场规律的交易制度。从长期来看，使资本经营机构回归中介功能，服务于实体经济，并在宏观层面强化资本市场的协调性、安全性和有效性，充分发挥并增强市场对长期投资吸引力的作用，助力供给侧结构性改革。

2. 科技创新

科技体制创新对供给质量体系与产业结构升级具有重要的作用。主要包括建立健全政府、科研机构和企业之间的协同创新范式，实施以纠正"系统失灵"为主要目标的技术创新政策，以优化科技资源控制权公平配置为主线，激发科技体制活力，驱动经济发展技术创新动力生成。

科技体制创新的核心是促进科技与经济的深度融合，科技创新将为未来经济持续增长提供强大的动力。为此，我国应构建以企业为主导，政府、科研机构和企业相协调的开放式科研体制机制，并改革科技成果评价体制，提升科技创新在产业结构优化升级中的引领作用。科技创新必须通过产学研联盟与产业界深度融合，才能最大限度地发挥科技创新对经济增长的推动作用。

改革科技评价机制，提升供给质量，实现科技与经济融合发展。一方面，通过合理设计科技成果转化激励制度，通盘考虑科技创新政策对供给体系结构与质量的影响及其对产业结构的具体影响和耦合机制，特别是要重视企业家精神在科技创新产业化过程中的关键作用，合理引导科研工作者与产业界的深入对接，充分发挥科技创新对经济体制转型的推动功能。另一方面，从长远角度考虑，科技创新与经济发展是一个完整的产业生态系统，必须建立起行之有效的政府、科研机构和企业的协同合作机制，从根本上实现科研激励、成果转化到结构优化、经济高质量发展的创新驱动模式。

3. 制度公平

要推动经济持续健康发展，必须全面深化经济体制改革，保证政府民生公共制度的持续供给，促进社会公平正义，增进人民福祉。由此才能充分发挥制度公平的动力作用，提高广大生产劳动者的生产能力和消费需求能力。

一方面，要塑造公平正义制度环境，优化分配结构。供给侧结构性改革中的制度公平，以优化分配结构、形成"公平—效率"关系为目标，以民生资源控制权改革为纽带，关注公平竞争和提高生产劳动者收入角度，促进经济发展的包容性制度基础与激励相容机制，最终目的是优化以政府民生公共服务为主体的公共制度供给结构，创造公平正义的制度环境，从而改善居民分配与需求结构，提高居民消费水平，扩大有效需求，实现经济高质量发展。另一方面，提高生产劳动积极性，改善需求结构，提升居民有效需求。以改善民生为导向，优化制度供给结构，塑造公平公正制度环境，改善产权与收入分配制度。在此基础上，改善需求结构，优化消费投资比例关系，促进居民消费升级。

因此，在供给侧结构性改革中，既要正确处理政府与市场的关系，也要更好地发挥政府作用，特别是加强和优化政府民生制度供给结构，增进公平正义，改善居民分配消费结构，提高居民消费水平。同时，必须结合以居民消费为主导的需求侧管理，研究优化政府公共制度供给结构,驱动制度公平动力,解放和发展劳动生产力,完善分配与消费结构,提高居民需求水平。

三 供给侧结构性改革的核心问题

供给侧结构性改革推动经济发展的理论核心问题在于,中国的结构性改革急需一个整合制度与结构变量的符合中国发展模式和要求的分析框架,从而为供给侧结构性改革推进经济发展提供方向上的理论指导,且可以为供给侧结构性改革推动经济发展的基本原则、目标要求和基本方向的确定提供新思路。因此,供给侧结构性改革的核心问题是,供给侧结构性改革推进经济发展的实践路径的选择,同时探索在全面深化体制改革的制度背景下,促进经济社会生产力进一步提升的具体路径和策略。

(一)供给侧结构性改革的核心内涵

供给侧结构性改革的核心问题在于,如何以体制机制的变革促进发展方式转变;而经济体制的制度核心在于,如何让市场经济体制成为经济运行的基础。因此,供给侧结构性改革必须进一步释放市场机制对资源配置的决定性作用,这就要求我们要继续推进市场化改革。从体制机制设计的角度来讲,就要打破对市场配置资源功能的约束,重塑价格机制的激励作用;从制度顶层设计的角度来讲,就要把经济发展的驱动力,从以要素投入的成本优势转化为以生产力和创新能力为主的供给能力优势,走可持续、高质量发展道路。

首先,供给侧结构性改革要优化政府对经济的影响力,这不仅包括约束政府对经济的无效或过度干预,更要强调以政府为主导、提升供给质量、政府能动作用的发挥,要尊重市场规律、激发市场活力,进而提高全要素生产率。其次,供给侧结构性改革对于供给侧的改善在质不在量,要在提高全要素生产率的基础上,加强优质供给、扩大有效供给、减少无效供给,要在质量提升和结构优化前提下增加供给量,除制度外,创新成为影响要素提升和全要素生产率的另一个重要因素，也是实现经济增长驱动力转变的关键。最后，供给侧结构性改革并不忽略需求侧，要求增加供给结构对需求变化的适应性和灵活性，使供给体系更好地适应需求结构变化，在总供给和总需求间建立良好的互动协调，实现更高层次上的供需平衡。

（二）供给侧结构性改革的核心要义

1. 调整优化结构

以结构改革应对发展失衡，消除市场障碍和制度约束，从各方面提高供给体系质量，提升供给体系的灵活性与适应性，尤其是对起基础作用的要素市场价格体系，应该坚决打破行政垄断定价权，使要素在市场间充分流动，提高全要素生产率。

针对供给结构中的缺陷，要持续推动改革，在供给体系与市场需求之间建立良好的沟通通道，减轻甚至消除资源错配，继而通过供给体系改革推动有效需求扩张。对此，要在经济的宏观、中观和微观层面采取针对性措施。宏观层面上，首先是推进制度变革。例如，以功能性产业政策替代行政命令式的直接干预市场；完善公共民生制度供给，理顺居民收入分配制度。中观层面上，以产学研协同创新体系为产业结构转型和优化升级提供激励机制，对传统产业和落后供给，采取技术改造激励和建立负面清单制度来逐步淘汰落后产能，以缓解前期去产能、去库存带来的进一步价格扭曲。微观层面上，以消费者和劳动者为代表的居民部门，应进一步健全劳动力产权保护和劳动力制度，把来源于要素市场扭曲、实体经济与虚拟经济比例失调和金融资本市场不完善带来的居民资产相对价格体系扭曲逐步调整到正常方向和水平。

2. 增加有效供给

驱动经济发展新动力生成，提高有效供给。供给侧结构性改革提出以来最重要的一点，就是将中国经济发展从要素投入驱动转向以技术创新和环境保护为代表的创新驱动的高质量发展模式。目前，在创新动力生成方面，主要的改革是健全知识产权保护制度和完善法律法规，为创新驱动提供制度保障；发挥"产学研"创新体系对科技创新和产业升级之间的耦合强化作用，深度挖掘技术创新对经济发展的推动效应；从基础层面改革科研评价与管理体系，发挥科研人才主观能动性，创造良好的科研氛围。

依靠体制机构改革有利于从根本上增加制度有效供给，完善我国以公有制为主体、多种所有制经济共同发展的基本经济制度，这就要求我们坚持社会主义市场经济的基本所有制结构，完善以劳动为逻辑的分配制度改革。在供给侧结构性改革中，真正做到以人民为中心，才能巩固供给结构的制度基础，形成"制度供给—经济发展—民生改善—结构优化"的良性循环，才能保持在经济发展方式转变的过程中毫不动摇我国的基本价值取向，形成真正意义上的高质量发展道路。

（三）供给侧结构性改革的核心突破

"十三五"时期，在经济增速换挡、结构调整阵痛、动能转换困难相互交织的经济发展环境下，要完成决胜全面建成小康社会的历史承诺，就必须积极适应、把握引领经济发展新常态，坚持中国特色社会主义政治经济学的重要原则，坚持社会主义市场经济改革方向。按照完善和发展中国特色社会主义制度，推进国家治理体系和治理能力现代化的要求，深化供给侧结构性改革。"十四五"规划和2035年远景目标纲要提出，要"坚持扩大内需这个战略基点，加快培育完整内需体系，把实施扩大内需战略同深化供给侧结构性改革有机结合起来"。党的十九届五中全会提出，以扩大内需为战略基点的同时，仍强调坚持以供给侧结构性改革为主线，并在提出坚持扩大内需这个战略基点后，将"提升供给体系适配性"确定为第一大任务，这就明确地界定了供给侧结构性改革与扩大内需的基本关系。依据当前经济发展的阶段性特征，探索方向定位合理并具有重大牵动性和外溢性的重点领域和关键环节的突破性改革，通过优化结构、增强动力、化解矛盾、补齐短板，推动中国经济实现稳中求进，实现社会生产力水平整体跃升，全面增强经济发展的质量和效益。这是深化供给侧结构性改革、全面建成社会主义现代化强国的理性选择。为此，必须将马克思主义政治经济学的基本原理和中国经济发展实际情况有机结合，实现供给侧结构性改革的新突破。

1. 把握好供给侧结构性改革的方向性突破

完善中国特色社会主义道路,坚持以人民为中心。实现供给侧结构性改革的方向性突破,前提是坚持中国特色社会主义政治经济学的重要原则,坚持社会主义市场经济的改革方向。首先,要按照完善和发展中国特色社会主义制度、推进国家治理体系和治理能力现代化的总目标,提出供给侧结构性改革的新思路、新举措。其基础在于深化公有制实现方式改革,促进国有经济与市场经济更好地融为一体;深化分配制度改革,调整收入分配结构,提高居民收入占国民收入的比重。其次,供给侧结构性改革应促进市场经济与社会主义的有机结合,并充分发挥经济和政治两个优势。既要将社会主义基本制度的优越性与市场经济体制的优越性有机融合,最大限度地发挥合力;又要正确处理社会主义与市场经济的辩证关系,使社会主义市场经济的发展始终保持正确的方向和强劲的势头。最后,供给侧结构性改革要依据共同富裕发展规律和全面建成小康社会的实践要求,以促进社会公平正义、保障和改善民生、增进人民福祉作为改革的出发点和落脚点,实现经济发展和民生改善良性循环。

2. 把握好供给侧结构性改革的关键性突破

以制度供给促进结构优化,以制度结构改善经济结构。供给侧结构性改革的关键性突破在于完善要素市场制度结构,健全要素定价机制,促进经济结构有效调整。为此,首先要理顺政府与市场的关系,努力将权力关进"制度笼子",消除要素市场当中扭曲市场定价的行为。要健全归属清晰、权责明确、保护严格、流转顺畅的现代要素产权制度。推进产权保护法治化,依法保护各种所有制经济和各种要素主体的权益。构建合理的要素价格体系,促进土地、资本和劳动力等要素资源的自由流动,提高要素配置效率。要加快完善土地和资本市场。土地市场方面,要在坚持农用地集体所有的基础上,运用股份农庄、公司+农户、代耕代营等多种形式促进土地的合理流转,实现土地规模经营;要加快建立城乡统一的建设用地市场,推进农村集体经营性建设用地与国有建设用地同等入市、同权同价。资本市场方面，目前改革的核心在于要在理顺政府与市场关系的基础上，正确处理主板、中小板、创业板、场外市场间的比例和结构关系等问题。

3. 把握好供给侧结构性改革的中心性突破

消除制度障碍，塑造创新激励机制。供给侧结构性改革的中心性突破在于有效配置并激励创新型要素。为此，必须加快科技体制创新，实施创新驱动战略，促进科技与经济的深度融合。各级政府和人才使用单位要把人才作为支撑发展的第一资源，加快推进人才发展体制和政策创新，构建有国际竞争力的人才制度。积极探索以优化科技资源控制权公平配置为主线，以有效配置与激励技术、人力资本、创新产品和创新业态等创新型要素为基本原则的供给侧结构性改革的重点任务与实践路径。完善人才评价激励机制和服务保障体系，营造人人皆可成才和青年人才脱颖而出的社会环境。

4. 把握好供给侧结构性改革的根本性突破

形成公平正义制度环境，提高服务型政府治理能力。供给侧结构性改革的根本性突破在于塑造公平正义的制度环境，释放并提高广大劳动人民的主动性与创造性。为此，供给侧结构性改革要从更加关注公平竞争和提高劳动者收入的角度，探索促进经济发展公平新动力的包容性制度基础与激励相容机制，并着力研究优化政府民生为主体的公共制度供给结构，创造公平正义的制度环境，改善居民的分配与需求结构，提高居民消费水平。深化政府行政管理体制改革，加快政府职能转变，持续推进简政放权、放管结合、优化服务，努力促进经济发展型政府转向公共服务型政府。

第九章　供给侧结构性改革实践情况

提出推进供给侧结构性改革并将之作为经济工作的主线，是以习近平同志为核心的党中央在深刻分析、准确把握我国现阶段经济运行主要矛盾基础上作出的重大决策，是重大理论和实践创新。自2015年提出以来，供给侧结构性改革取得的成就有力论证了该决策的正确性，是贯彻新发展理念、改善供给结构的根本之策，是破解经济内部深层次问题、迈向高质量发展的必然要求。

一　供给侧结构性改革施行至今历年的目标与任务

自2012年起，中国经济发展呈现速度变化、结构变化和动能转换三大特点，经济发展进入新常态。适应和把握新常态特征，以"转方式、调结构"为契机，推进经济结构性改革，把经济增长巨大潜力转变为现实，引领着经济迈上新台阶。2015年中央经济工作会议指出，总需求在适度扩大的同时，要加速推进供给侧结构性改革，战略上坚持稳中求进，战术上紧抓重点，将"三去一降一补"作为五个关键方面来推进供给侧结构性改革。

2016年是"十三五"的开局之年，也是着力推动供给侧结构性改革的第一年，这一年要求"在适度扩大总需求的同时，着力加强供给侧结构性改革，实施相互配合的五大政策支柱"。习近平总书记指出，我们的供给侧结构性改革同西方经济学的供给学派不是一回事①。综观现阶段的宏观经济形势,世界经济结构发生深刻调整,国际市场有效需求急剧萎缩,经济增长低于潜在产出水平,我们找准供给市场定位,发力供给侧;国内面临经济增速下降、工业品价格下降、实体经济下降、财政收入下降和经济风险发生概率上升,这些问题是供需结构错配导致的,所以要改善供给结构,由低水平供需平衡向高水平供需平衡发展。通过有效化解产能过剩、产业优化重组、降低企业成本,发展战略性新兴产业产业和现代服务业,增加公共产品和服务供给,着力提高供给体系质量和效益,更好地满足人民需要,增强经济持续增长动力。这一年,主要从以下五个角度推进供给侧结构性改革:稳妥化解产能过剩、帮助企业降低成本、化解房地产库存、扩大有效供给和防范化解金融风险。

2017年是供给侧结构性改革推进的深化之年。上一年推动供给侧结构性改革取得初步成效,下一步要更好贯彻好稳中求进总基调,进一步深化改革。通过改革的深化,处理好政府和市场的关系,使市场在资源配置中起决定性作用和更好发挥政府作用。市场和政府两者是相辅相成、相互促进、互为补充的。完善市场机制,打破行业垄断和进入壁垒,增强企业的应变能力和调整能力,提高资源要素配置的效率;政府在尊重市场规律的基础上,用改革激发市场活力,用政策引导市场预期,用规划明确投资方向,用法治规范市场行为。把改善供给侧结构当作重点,由生产端切入,注重供给体系效率与质量的提升,增加中高端与有效供给,提高供给侧结构对需求变化的适应性。用改革的办法深入推进"三去一降一补",在巩固成果的基础上,针对新问题完善政策措施。通过扎实有效去产能、因城施策去库存、积极稳妥去杠杆、多措并举降成本、精准加力补短板五大方法,持续推进供给侧结构性改革。

2018年,习近平总书记指出,中国特色社会主义进入了新时代②。

---

① 习近平:《习近平著作选读》(第一卷),人民出版社2023年版,第441页。
② 习近平:《决胜全面建成小康社会 夺取新时代中国特色社会主义伟大胜利——在中国共产党第十九次全国代表大会上的报告》,人民出版社2017年版,第10页。

这是一个划时代的重大论断，意味着这我国经济开启了迈向高质量发展新时代。改革开放40多年，社会主要矛盾发生了重大改变，已经转化为人民日益增长的美好生活需要和不平衡不充分的发展之间的矛盾，这就要求在供给侧结构性改革时，必须推动高质量发展，破解发展的不平衡不充分。通过发展壮大新动能、加快制造强国建设、继续破除无效供给、深化"放管服"改革、进一步减轻企业税负、大幅降低企业非税负担等措施，推动供给侧结构性改革。

2019年，是新中国成立70周年，是全面建成小康社会、实现第一个百年奋斗目标的关键之年。面临的环境更复杂更严峻，风险挑战更多更大。总体上，要坚持稳中求进工作总基调，坚持新发展理念，坚持推动高质量发展，坚持以供给侧结构性改革为主线，坚持深化市场化改革、扩大高水平开放，加快建设现代化经济体系。要继续坚持以供给侧结构性改革为主线，在"巩固、增强、提升、畅通"八个字上下功夫。更多采取改革的办法，更多运用市场化、法治化手段，巩固"三去一降一补"成果，增强微观主体活力，提升产业链水平，畅通国民经济循环，推动经济高质量发展。通过实施更大规模的减税、明显降低企业社保缴费负担等措施保证经济平稳运行；通过深化"放管服"改革，推动降低制度性交易成本，激发市场主体活力；通过创新引领发展，培育壮大新动能，促进新旧动能顺利转换；充分发挥消费的基础作用和投资的关键作用，稳定国内需求，持续释放内需潜力；通过改革完善相关机制，推进区域间优势互补和协调发展；通过加强防治污染和生态环境建设，完善相关制度，推进高质量发展与生态环境的保护；通过重点领域改革，完善市场机制，增强市场活力和社会创造力；通过全方位对外开放，推动商品和要素流通，以高水平开放带动全面改革；通过加快发展教育、医疗卫生、社会保障等社会公共事业，保障和改善民生，满足群众多层次和多样化的需求。

2020年，是"十三五"规划收官之年。这一年经济工作要求以新发展理念为指导，以供给侧结构性改革为主线，推动形成引领我国经济持续健康发展的政策体系。从产业发展到城乡区域协调发展、从资源环境到社会民生、从对外开放到创新驱动,经济工作的顶层设计日益完善,引领中国经济航船行稳致远。同时,明确"坚持巩固、增强、提升、畅通"的方针,深化供给侧结构性改革。通过积极的财政政策提质增效,稳健的货币政策灵活适度,以创新驱动和改革开放提高经济竞争力。

2021年,是"十四五"的开局之年。这一年我们迎来了中国共产党成立一百周年,实现第一个百年奋斗目标,开启向第二个百年奋斗目标进军新征程,沉着应对百年变局和世纪疫情,构建新发展格局迈出新步伐,高质量发展取得新成效,实现了"十四五"良好开局。这一年我们提出要加快构建以国内大循环为主体、国内国际双循环相互促进的新发展格局,要紧紧扭住供给侧结构性改革这条主线,注重需求侧管理,打通堵点,补齐短板,贯通生产、分配、流通、消费各环节,形成需求牵引供给、供给创造需求的更高水平动态平衡,提升国民经济体系整体效能。

2022年,党的二十大报告指出,"把实施扩大内需战略同深化供给侧结构性改革有机结合起来"。这是党中央基于国内外发展环境变化和新时代新征程中国共产党的使命任务提出的重大战略举措,对于今后一个时期有效发挥大国经济优势、加快构建新发展格局、推动高质量发展、全面建设社会主义现代化国家,具有重要意义。当前,世界百年未有之大变局加速演进,世纪疫情影响深远,世界经济复苏乏力,通胀水平居高不下,主要发达经济体大幅调整宏观政策,国际需求可能进一步波动收缩。全球产业分工体系和区域布局正在发生广泛深刻的调整,能源资源等供应稳定性下降,全球经济原有供需循环受到干扰甚至被阻断。特别是某些国家不顾国际关系准则和经贸规则,试图通过脱钩断链、打压企业等方式极限施压,阻碍我国经济发展和结构升级,对全球总供需平衡产生重大冲击。从国内看,我国经济面临需求收缩、供给冲击、预期转弱三重压力,一些领域风险因素上升,人口老龄化加速,劳动力、土地等传统优势弱化,资源环境约束趋紧,科技创新能力有待提升,全要素生产率提高受到制约,亟待从供需两端发力,既扩大有效需求,又推动生产函数变革调整,塑造新的竞争优势。针对这种新形势,党中央提出要加快构建以国内大循环为主体、国内国际双循环相互促进的新发展格局,把发展放在自己力量的基点上。这就要求我们统筹谋划扩大内需和优化供给,充分发挥超大规模市场优势,提升供给体系对国内需求适配性,打通经济循环卡点堵点,推动供需良性互动,在实现自身高质量发展的同时为世界经济注入新动力。参见表9-1。

表9-1　　　历年中央经济工作会议对供给侧结构性改革的论述

序号	时间	相关论述
1	2015年	稳定经济增长,要更加注重供给侧结构性改革。明年(2016年)及今后一个时期,要在适度扩大总需求的同时,着力加强供给侧结构性改革,实施相互配合的五大政策支柱
2	2016年	要继续深化供给侧结构性改革。坚持以推进供给侧结构性改革为主线,适度扩大总需求,加强预期引导,深化创新驱动,全面做好稳增长、促改革、调结构、惠民生、防风险各项工作,促进经济平稳健康发展和社会和谐稳定
3	2017年	以供给侧结构性改革为主线。坚持以供给侧结构性改革为主线,统筹推进稳增长、促改革、调结构、惠民生、防风险各项工作,大力推进改革开放,创新和完善宏观调控,推动质量变革、效率变革、动力变革,在打好防范化解重大风险、精准脱贫、污染防治的攻坚战方面取得扎实进展,引导和稳定预期,加强和改善民生,促进经济社会持续健康发展
4	2018年	坚持以供给侧结构性改革为主线。必须坚持以供给侧结构性改革为主线不动摇,更多采取改革的办法,更多运用市场化、法治化手段,在"巩固、增强、提升、畅通"八个字上下功夫
5	2019年	坚持以供给侧结构性改革为主线。在深化供给侧结构性改革上持续用力,确保经济实现量的合理增长和质的稳步提升。要继续抓重点、补短板、强弱项,确保全面建成小康社会
6	2020年	以深化供给侧结构性改革为主线。加快构建以国内大循环为主体、国内国际双循环相互促进的新发展格局,要紧紧扭住供给侧结构性改革这条主线,注重需求侧管理,打通堵点,补齐短板,贯通生产、分配、流通、消费各环节,形成需求牵引供给、供给创造需求的更高水平动态平衡,提升国民经济体系整体效能

续表

序号	时间	相关论述
7	2021年	坚持以供给侧结构性改革为主线。深化供给侧结构性改革,重在畅通国内大循环,重在突破供给约束堵点,重在打通生产、分配、流通、消费各环节
8	2022年	要更好统筹供给侧结构性改革和扩大内需,通过高质量供给创造有效需求,支持以多种方式和渠道扩大内需

资料来源:2015—2022年中央经济工作会议报告。

二 当前供给侧结构性改革的实践成效

2008年国际金融危机后,世界经济和国际贸易增长逐渐放缓,全球经济面临着巨大的下行压力。2014年,习近平总书记作出重要论断——中国经济发展进入新常态,要求转变经济增长方式、调整产业结构和实施创新驱动,推动经济发展。2015年提出供给侧结构性改革,以"三去一降一补"为抓手,调整供给结构以适应经济新变化。通过图9-1可以看出2010—2022年GDP总量变化和增速变化。根据国际货币基金组织统计,2016年世界经济平均增长率为3.1%,美国经济增长率为1.6%,欧元区为1.7%,日本为0.5%,中国为6.8%,仍然领跑世界主要经济体,依然是世界经济增长的重要引擎。此后,世界经济和国际贸易增长继续放缓、全球经济下行压力进一步加大,中国依然保持6%以上的增长速度,该数据无疑说明我国的人民生活水平、经济总量、经济发展质量都在稳步提升,综合国力进一步增强,其中供给侧结构性改革功不可没。2020年面对严峻复杂的国内外经济环境,特别是新冠疫情的严重冲击,GDP仍然实现了2.3%的增速,成为全球唯一实现经济正增长的主要经济体,GDP总量也实现了百万亿元的历史性突破。2021年国民经济持续恢复,发展水平再上新台阶,经济规模突破110万亿元,稳居全球第二大经济体。2022年我国名义GDP突破121万亿元大关,同比增长3%。

第九章 供给侧结构性改革实践情况

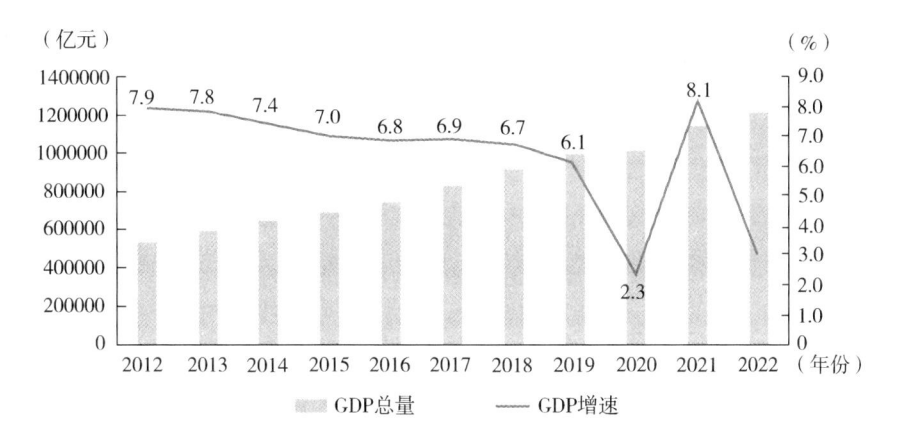

图 9-1 2010—2022 年 GDP 总量与增速

资料来源：国家统计局。

服务业经济成为综合国力中不可或缺的重要组成部分。近年来，我国服务业占比快速增长，通过表 9-2 我们可以发现，2013 年首度超过工业，至今已成为第一大行业部门和经济增长主动力。服务业占比的持续上升意味着经济结构转型发生了变化，反映了经济转型水平。同时，服务业占比上升也是消费升级的表现，随着收入的增加，需求不再局限于满足基本生存需要，而转变为更高需求层次的消费品，如医疗健康、教育、娱乐、旅游等。通过供给侧结构性改革，发展高端服务业、优化社会公共服务供给结构，集中精力促进经济提质增效，实现高质量发展。

表 9-2   2012—2022 年三大产业占比   单位：%

时间	2012 年	2013 年	2014 年	2015 年	2016 年	2017 年
第一产业占比	9.1	8.9	8.6	8.4	8.1	7.5
第二产业占比	45.4	44.2	43.1	40.8	39.6	39.9
第三产业占比	45.5	46.9	48.3	50.8	52.4	52.7
时间	2018 年	2019 年	2020 年	2021 年	2022 年	
第一产业占比	7	7.1	7.7	7.3	7.3	
第二产业占比	39.7	39	37.8	39.4	39.9	

续表

时间	2018年	2019年	2020年	2021年	2022年
第三产业占比	53.3	53.9	54.5	53.3	52.8

资料来源：国家统计局。

供给侧结构性改革主要以"三去一降一补"为抓手，推进改革的具体实践，以下我们用数据和表格来具体分析每年改革的具体情况和取得的成果。

去产能重点行业在钢铁和煤炭行业，根据国际国内供给形势，以企业主体、政府推动、市场引导、依法处置的办法，严格执行环保、质量、安全等法规标准，紧紧抓住"僵尸企业"这个群体，采取以企业兼并为主，尽可能减少破产清算的方法，积极稳妥地化解产能过剩。通过改革，行业盈利明显好转，部分企业扭亏为盈，超额完成了去产能任务。具体目标完成情况见表9-3。

化解房地产库存效果明显。房地产去库存重点是推进三、四线城市和县城房地产去库存。通过推进新型城镇化建设、棚改货币化安置，将存量房转化为租赁房，或将存量房引入旅游、养老、教育、健康等产业，降低存量房库存。同时，坚持"房子是用来住的，不是用来炒的"总方针，加快建立和完善房地产市场平稳健康发展的长效机制，以市场为主满足居民多层次需求；同时加强房地产市场分类调控，全面落实城市主体责任，使房地产市场保持总体平稳态势。根据表9-4，我们可以发现，从2016年实施政策以来，去库存成效显著。

降低企业负债率，有序推进去杠杆。去杠杆的目的主要是将宏观调控的重点转移到供给侧，保持一定水平的经济增速，不断做大杠杆率的分母。由表9-5发现，总体杠杆率还处于上升趋势，去杠杆将会是一个长期过程。同时，去杠杆的重点在企业，非金融企业杠杆率过高，是债务最突出的问题，因此去杠杆要与企业改革结合起来。2016年，中央提出积极推进企业兼并重组，完善现代企业制度强化自我约束，多措并举盘活企业存量资产，多方式优化企业债务结构，有序开

第九章 供给侧结构性改革实践情况

表9-3 2016—2020年去产能目标任务和完成情况

	行业	总方针	中长期目标	2016年完成情况	2017年完成情况	2018年完成情况	2019年完成情况	2020年完成情况
去产能	钢铁	落实国务院6号、7号文件,制定出台配套文件及具体措施,并与省级政府、中央企业签订目标责任书	用5年时间再压减粗钢产能1亿至1.5亿吨	宝钢、武钢联合重组成立中国宝武钢铁集团有限公司。全年退出钢铁产能超过6500万吨	压减钢铁产能5000万吨以上	压减钢铁产能3000万吨左右	已经提前完成"十三五"确定的钢铁去产能1.5亿吨的上限指标;中船工业和中船重工重组,保利集团和中丝集团、国家管网公司挂牌组建,提升供给质量	钢铁产量逆势走高,主要原因在于产能置换换周期,同时受到疫情影响,钢铁产能控制在10亿吨以内,产能利用率超过100%
	煤炭	深入实施淘汰落后、违法违规建设项目清理、联合执法三个专项行动,妥善做好职工安置和债务处置,组织开展专项督查和验收,严格控制新增产能并推行减量化生产,积极推动企业兼并重组和转型升级,加强典型经验总结推广	用3—5年的时间,再退出产能5亿吨左右,减量重组5亿吨左右	全国6000多处年产30万吨/年及以下的小型煤矿中,已有2600多处列入去产能范围;中央企业煤炭业务板块进一步退化。全年退出煤炭产能超过2.9亿吨	累计化解煤炭产能2.5亿吨;实际淘汰、缓建电产能6500万千瓦	将30万千瓦以下与标准不符的煤电机组关停;退出煤炭产能约1.5亿吨	组织实施年产30万吨以下煤矿分类处置,关闭退出落后煤矿450处以上,淘汰关停2000万千瓦煤电机组;同时,推进煤炭优质产能释放,年产120万吨及以上煤矿产能达到总产能的四分之三,进一步向资源富集地区集中	全国22个产煤地区关闭退出煤矿共600座,合理化解煤炭过剩产能超1.5亿吨

资料来源:国家统计局。

表9-4　　　2012—2020年商品房销售面积和待售面积　　单位：万平方米

年份	商品房销售面积		商品房待售面积	
	总量	住宅	总量	住宅
2012	111303.65	98467.51	36460	23619
2013	130550.59	115722.69	49295	32403
2014	120648.54	105187.79	62169	40684
2015	128494.97	112412.29	71853	45248
2016	157348.53	137539.93	69539	40257
2017	169407.82	144788.77	58923	30163
2018	171654.36	147929.42	52414	25091
2019	171558.00	—	49821	—
2020	176086.00	—	49850	—

资料来源：国家统计局。

表9-5　　　2015—2020年实体经济部门杠杆率及其分布　　单位：%

年份	实体经济部门杠杆率	政府	居民	非金融企业	金融部门杠杆率
2015	263.62	57.37	39.95	166.30	21
2016	239.70	36.60	44.80	158.20	—
2017	244.00	36.40	49.40	158.20	—
2018	243.70	37.0	53.20	153.60	—
2019	246.50	38.50	56.10	151.90	54.80
2020	270.1	45.6	62.2	162.30	—

资料来源：国家统计局。

展市场化银行债权转股权，积极发展股权融资等途径"强制"去杠杆。相较2008年以来杠杆率的快速攀升，当前杠杆率增速大幅回落，总水平趋于平稳。着眼中长期，通过供给侧结构性改革，推进僵尸企业的破产重组，让市场清理机制发挥作用；硬化国企与地方政府的预算约束，破除政府兜底幻觉；突出竞争中性，纠正金融体系的体制偏好，从而消除传统体制的弊端。当然，去杠杆还要坚持金融服务实体经济。杠杆率反映了金融资源的合理配置程度，杠杆率要服务于劳动生产率高、有竞争力的企业或产业，让实体经济与金融相匹配，促进实体经济的发展。

多举措降低实体经济企业成本，减轻生产负担。降低企业成本主要从两方面进行，一是实行减税降费，2016年"营改增"全面实施，带来了大量的减税红利；通过扩大行政事业性收费免征范围、规范政府收费项目等措施降费。二是降低制度性交易成本，深入推进"放管服"项目，降低企业成本。具体措施和取得的成效见表9－6。

补足供给短板，抓关键点补薄弱处。相较于去产能、去库存、去杠杆和降成本就是做"减法"，补短板就是做"加法"。通过在创新驱动、软硬基础设施建设、脱贫攻坚、城乡统筹发展、民生建设、环境生态建设等领域加大投资力度，规范民间投资行为，鼓励社会资本投入社会短板中去。2020年2月25日，习近平总书记在全国脱贫攻坚总结表彰大会上指出，我国脱贫攻坚战取得了全面胜利，现行标准下9899万农村贫困人口全部脱贫，832个贫困县全部摘帽，12.8万个贫困村全部出列，区域性整体贫困得到解决，完成了消除绝对贫困的艰巨任务。①

---

① 习近平：《习近平谈治国理政》（第四卷），外文出版社2022年版，第125页。

表9-6 2016—2018年降成本具体措施和成效

年份	具体措施						成效
2016	全面推进"营改增",减税超过5000亿元	阶段性降低社保公积金费率,每年为企业减负1000亿元	清理规范政府性基金收费项目,每年为企业减负260亿元	扩大18项行政事业性收费的免征范围	电价两次下降,企业减负470亿元	大幅降低银行卡刷卡手续费	全年成本累计降低总额1万亿元
2017	全面清理规范政府性基金,取消城市公用事业附加等基金,授权地方政府自主减免部分基金	取消或停征中央涉企行政事业性收费项目35项,收费率减少一半以上,保留的项目尽可能降低收费标准。各地制减涉企行政事业性收费	减少政府定价的涉企经营性收费,清理取消行政审批中介服务违规收费,推动降低金融、铁路货运等领域涉企经营性收费,加强对市场调节类经营服务性收费的监管	继续适当降低"五险一金"有关缴费比例	通过深化改革,完善政策,降低企业制度性交易成本、用能、物流等成本	政府定价的经营服务性收费目录清单,中央定价收费项目由13项减少至5项,减少62%;地方定价收费项目平均每省由25项减少至13项,减少48%	2017年"营改增"试点政策,简并增值税税率,进一步清理规范政府性基金和涉企收费,全年为企业减负将超过1万亿元
2018	为重组企业提供契税、土地增值税等到期税收优惠政策	优化增值税,三档变两档税率水平进行调整,尤其是要降低交通运输业与制造业等行业的税率,适当提高小规模纳税人年销售额的标准	规范行政事业性收费,调低一些政府性基金征收标准,坚持分阶段降低企业"五险一金"缴费比例	制定并实施企业境外所得综合抵免政策。扩大为物流企业提供的仓储用地税收优惠的范围	将减半征收所得税的优惠政策覆盖更多小微企业。提高企业新购入仪器设备新税前抵扣上限	降低输配电价格与电网收费,一般工商业平均电价下降10%。持续推进改革,降低公路过路过桥费用。适当减少过桥费用。大力整顿中介服务收费,保障收费的合理性	为企业和个人减税8000多亿元,全年为市场主体减轻非税负担3000多亿元

第九章　供给侧结构性改革实践情况

续表

年份	具体措施					成效
2019	继续推动大规模减税降费。降低税率，确保所有行业税负只减不增；加大税收减免政策力度，清理规范涉企性基金、收费。继续规范涉企收费。持续推动网络提速降费，确保清费措施落到实处	加大金融对实体经济的支持力度。畅通金融服务支持实体经济渠道；更好地发挥政府性融资担保基金作用；完善商业银行绩效考核和激励机制；扩大直接融资规模，规范银行按揭及中介服务收费	持续降低制度性交易成本。推进市场准入负面清单制度全面实施。进一步深化简政放权，进一步强化事中事后监管	明显降低企业社保缴费负担。下调企业社保缴费比例，急需社保缴费前期政策延续性；合理确定社保缴费基数	继续降低用能用地成本。继续降低一般工商业电价；提高电力商业市场化程度；降低企业用地综合成本	推进物流降本增效。取消或降低一批公路、铁路、民航、港口收费；着力提高物流效率，提高高速公路通行效率	持续降低用能成本，涉及金额近1500亿元；实降低物流成本，金额超过170亿元，涉及降低相关服务费规范，金额近27亿元；降低涉及行政事业性收费标准，多项行政事业性收费额60亿元
2020	落实好既定减税降费政策。落实相关收费基金减免政策；降低企业宽带和专线平均资费；坚决整治涉企违规收费	强化金融支持实体经济力度。畅通金融服务实体经济信号传导渠道；充分发挥政府性融资担保作用；注重发挥定向工具作用；完善融资服务实体经济的数字金融工具；切实提高金融服务效率	持续降低制度性交易成本。放宽市场准入和经营限制；优化政府服务业务流程；加强数字技术应用；降低政策遵从成本	努力降低企业用工和房租负担；降低企业用工成本；实施稳企稳岗返还政策；缓解房屋租金压力	继续降低用能用地成本。继续降低一般工商业电价；完善科学合理用能管理，合理增加供应，降低用地成本	推进物流降本增效。降低物流税费成本；积极推进运输结构调整；提高物流运行效率	—

第十章　构建双循环新发展格局与供给侧结构性改革

加快构建以国内大循环为主体、国内国际双循环相互促进的新发展格局,是根据我国发展阶段、环境、条件、变化作出的战略决策,是事关全局的系统性、深层次变革,对"十四五"和未来更长期我国经济社会发展有重要且深远的影响。深刻认识新发展格局的理论内涵、核心要义、基本要求,处理好构建与供给侧结构性改革的关系,对促进更深层次改革、更高水平开放和更有质创新,打通生产、分配、流通、消费等国民经济循环中的堵点和梗阻,把握主攻方向和主要着力点,形成新发展格局有重要意义。

一　双循环新发展格局的内涵

准确把握加快构建以国内大循环为主体、国内国际双循环相互促进的新发展格局的内涵,就要深刻理解构建新发展格局的理论内涵。

(一)国内大循环

国内大循环主要是指经济大循环,重点包括三个层面。第一,国民经济活动的大循环。主要是指社会再生产过程中生产、分配、流通、消费的国民经济活动循环往复。生产是起点,包括简单再生产和扩大再生产,在国民经济中处于决定性地位。分配是连接生产和消费的桥梁,包括对劳动者的补偿和对生产资料的增加,是生产关系的重要体现，社会再生产的协调顺利发展，客观上要求将生产资料和生产力等社会资源按照一定比例合理分配到国民经济的各个部门。流通是生产和消费的纽带，既包括交通、物流、商贸等传统小流通，也包括金融、征信、通信等支持资金信息流通的现代大流通。消费是社会再生产的终点，也是新一轮再生产的起点。作为社会再生产的最终环节，消费是经济活动的最终目的，一切经济活动归根结底都是为了满足需求而进行的。第二，实体经济和金融协调发展的大循环。实体经济是国民经济的根基，金融是实体经济的血脉。从社会再生产过程看，经济大循环必然是实物运动循环和价值运动循环的结合，是实体的商品生产、分配、流通、消费过程与货币资金运动在社会再生产过程中的合理分配、流动循环相结合的过程。金融与实体经济良性互动与循环，是国家金融稳定和金融安全的基础，也是实现国民经济可持续发展的保障。第三，国内地域空间范围的大循环。构建双循环新发展格局，是国内生产分工、合作统一市场的大循环。当今社会分工日益深化，经济大循环必然体现为社会再生产在地域空间意义上的循环，包括国内城乡之间、区域之间的循环，形成优势互补、协调联动的城乡区域发展体系。

（二）国内国际双循环

在全球化背景下，经济大循环必然包含全球地域空间范围内各环节、各领域、各层次的国际循环，主要是指一个国家和地区通过发挥自身比较优势，参与国际分工和合作，实现经济发展的过程。国内国际双循环相互促进，是指国内生产和国际生产、内需和外需、引进外资和对外投资等协调发展，国际收支基本平衡，形成相得益彰、相辅相成、取长补短的关系。重点要处理好供给和需求、国内和国际、自主和开放、发展和安全等重要关系。

双循环新发展格局是从"两头在外"的发展模式转向"以内为主、内外互促"的新发展格局。以国内大循环为主体，意味着要坚持扩大内需这个战略基点，坚持供给侧结构性改革这条主线，加快培育完整内需体系，使生产、分配、流通、消费更多依托国内市场，提升供给体系对国内需求的适配性，打通经济循环堵点，提升产业链、供应链的完整性，以生产激发循环动力，使国内市场成为最终需求的主要来源，形成需求牵引供给、供给创造需求的更高水平动态平衡。国内国际双循环相互促进，意味着要坚持改革开放，利用好国际市场，联通国内市场和国际市场，实现更加强劲可持续的发展。

双循环不仅要扩大内需，更要提高供给侧与需求侧的适配性。双循环更重要的是供给侧的循环要畅通。一方面，要坚持扩大内需，促进消费。发达国家的经济增长规律显示，在发展水平到达一定阶段后，都会逐步从以国际循环为主的模式转变为以国内需求为主的模式。超大规模市场是联通国内国际市场、推动双循环新发展格局的关键优势。当前我国的内需潜力有待进一步激发。要坚持扩大内需这个战略基点，加快培育完整内需体系，改革收入分配制度，增加居民收入，优化收入分配结构，充分利用国内超大规模、多层次、多元化的内需市场提高大众消费能力。另一方面，要提高供给侧与需求侧的适配性。改善供给和扩大内需是相辅相成的，供给方的技术性和制度性制约是影响内需的重要因素。内需升级需要供给升级支持，新供给又会创造新需求。因此，需要坚持供给侧结构性改革这条主线，使生产、分配、流通、消费更多依托国内市场，提升供给体系对国内需求的适配性，以高质量供给满足日益升级的国内市场需求。双循环不断升级，内需体系不断优化。供给体系在坚持扩大内需的同时，把实施扩大内需战略同深化供给侧结构性改革有机结合起来，提升供给体系对国内需求的适配性，以创新驱动、高质量供给引领和创造新需求，形成需求牵引供给、供给创造需求的更高水平，动态平衡。提升对中高端消费的供给能力和质量，弥补中高端消费领域的短板，推动消费结构升级。

当然，内循环并不是对外循环的否定，要实现国内国际双循环相互促进。要坚持全球化，坚持多边主义，努力参与各种双边、区域和全球性多边合作，在国际大循环中发展壮大自身实力。要继续保持开放，保持在全球市场上的竞争力，使科研创新、科技创新能够真正起作用。要立足国内大循环，发挥比较优势，协同推进强大国内市场和贸易强国建设。

二 加快构建双循环新发展格局的着力点

构建双循环新发展格局,要坚持扩大内需,持续扩大开放。实施扩大内需战略是当前应对疫情冲击的需要,是保持我国经济长期持续健康发展的需要,也是满足人民日益增长的美好生活的需要。面对其他国家对我国的主动限制,我们可以通过扩大内需的方式,将需求转移到国内市场,以内循环促进双循环,不仅仅是扩大内需,更是坚持供给侧结构性改革这条主线,是生产、分配、流通、消费更多依托国内市场,提升供给体系对国内需求的适配性,以高质量供给满足日益升级的国内市场需求。

在生产环节,要"补短板""锻长板"。过去在外需主导的全球化大环境下,国内部分产业链相对脆弱,生产环节关键技术存在瓶颈,部分产业链过度依赖国际循环,这是高端产能不足的直接原因。产业政策和科技政策的重点要放在畅通产业链上,要以科技创新催生新发展动能,提升我国产业链水平;以产业基础高级化、产业链现代化为目标,推动国内大循环。要优化升级我国产业链布局,加强科技创新,破解"卡脖子"技术难题,加快推动创新驱动发展战略,畅通创新链与产业链梗阻。消除生产梗阻,积极推进科技体制改革,用科技创新夯实双循环发展根基。加快建设制造强国,发展现代产业体系,加快国内产业升级,使我国拥有一个相对完整且独立的产业结构,培育产业链国际竞争优势,促进稳定全球产业链,提高应对外部冲击的能力。

在分配环节,要优化结构。我国城乡二元体制结构导致城市化水平过低,国内需求释放不足。要畅通分配环节,就是要优化收入分配结构,健全知识、技术、管理、数据等生产要素由市场评价贡献、按贡献决定报酬的机制。强化稳就业举措,增加中低收入人群的可支配收入和消费能力。打破区域壁垒,推动区域协调发展,构建适应高质量发展需要的区域协调发展新格局。

在流通环节,要降低成本。要加快建设全国统一大市场,推动要素商品实现自由流通，积极利用并发展现代供应链、"互联网+"和智慧物流，提高内循环效率。要推动互联网、大数据、人工智能与实体经济的深度融合，在现代供应链领域培育新增长点，形成新动能。以供应链重塑流通体系，加大供应链基础设施建设，打通供应链主干网络，推动物流与制造业融合，助力柔性制造。提升现代供应链服务能力，加快建设企业针对全球一体化供应链的核心能力，以智慧物流提升物流与供应链行业发展水平、推动物流与制造业的深度发展、带动互联网深入产业链上下游，实现产业链各环节强化联动和深化融合，助推协同共享生态体系的加快形成。

在消费环节，要促进消费。消费是我国经济增长的重要引擎，中等收入群体是消费的重要基础，要把扩大中等收入群体规模作为重要的政策目标，加快建设国内大市场，加快培育新型消费。要更好地促进以人为核心的城镇化，促进中心城市和城市群建设，培育新的增长极，使城市更健康、更安全、更宜居，成为人民群众高品质生活的空间，夯实中国经济持续健康发展的基础。此外，扩大内需，还必须进一步落实房地产长效机制，坚持"房子是用来住的，不是用来炒的"定位，保持房地产市场平稳健康发展。

（一）明确双循环新发展格局的目标

当今世界正在经历百年未有之大变局，我国发展的外部环境日趋复杂。加快构建以国内大循环为主体、国内国际双循环相互促进的新发展格局，是适应我国社会主要矛盾变化、适应复杂外部环境变化、防范化解各类风险隐患的重要手段，是经济、社会、文化、生态等各领域都要体现高质量发展的要求，更是我国当前和未来较长时期内经济发展的战略方向。要将突破关键核心技术作为主攻方向，着力增强自主创新能力。让市场在科技资源配置中发挥决定性作用的同时，更好地发挥政府作用，加快关键核心技术攻关。顺应新一轮科技革命和产业变革蓬勃兴起的趋势，加快推进数字经济、智能制造、生命健康、新材料等前沿领域的科技创新和产业发展。自主创新不等于封闭创新，要善于利用两个市场、两种资源加强国际合作，加大国际化科技孵化平台、离岸创新中心等新型平台建设力度，探索构建开放自主创新体系，走开放创新道路。

明确双循环新发展格局的战略基点。构建新发展格局，要坚持扩大内需这个战略基点，释放国内需求，使生产、分配、流通、消费更多依托国内市场，形成国民经济良性循环。鼓励居民扩大消费，引导企业扩大投资。引领消费结构向高端化、多样化、个性化转型升级，对扩大内需有强大支撑作用。着力扩大中等收入群体规模，使其成为扩大消费的主力军。大都市圈和城市群是扩大内需的主要载体，要深化户籍制度、土地改革制度，以城市群为主体构建城镇化格局，推动新型城镇化建设，使城市成为国内大循环的核心枢纽和战略支点。通过切实减轻企业税费负担、完善产权保护制度，营造公平竞争的市场环境，增强市场主体的投资信心，鼓励扩大民间投资，引导社会资本参与新型基础设施建设和新型城镇化建设，促进扩大有效投资。

明确双循环新发展格局的主线。要将深化供给侧结构性改革作为主线，提升产业链、供应链发展水平。当前，全球产业链、供应链加快调整，区域化、近岸化特征更加明显，提升产业链的稳定性和竞争性更为紧迫。要推动产品国产替代，拓展国内供应商，培育可替代的供应链，以强大的国内市场为支撑，增强对产业链的控制力，提高供应链的安全性和可控性。由疫情催生的以数字技术为基础的新产业、新业态异军突起，应顺势而为，发挥我国数字经济的先行优势，推进制造业数字化、智能化升级，加快运用人工智能、大数据、物联网等改造传统企业，提升制造业的创新力和竞争力。

明确双循环新发展格局的重要枢纽。要保持产业链的安全和供应链的稳定，坚持以创新推动我国经济高质量发展，提升产业竞争力和发展的主动权。通过打通创新链、强化产业链、稳定供应链、提升价值链，把握好双循环的发展枢纽。打通创业链，加快自主创新的步伐。推动国内大循环，需要畅通产学研之间的联通，打通我国创新的市场障碍，构建自主可控的创新力；要组织实施产业基础再造工程，通过创新创投基金等金融手段，构建自主创新的市场容错机制培育，培育产业群，为国产新技术、新装备开拓市场。强化产业链，确保经济协调稳定。加强产业链薄弱环节建设，维护产业安全是保持我国产业体系完整性和发挥竞争优势的重要一环。防止低端产业链被过早放弃，充分依托我国巨大市场及其需求层次的差异、区域经济发展水平的梯度，促进多层次的产需对接，调整产业布局。同时要避免产业链在高端断裂，要在经济发达、人力资源丰富的沿海地区的中心城市加快发展科技型产业，完善国内产业配套体系，形成替代进口的技术储备、设备储备和产品储备，确保我国产业发展协调与产业链畅通，避免产业链中断对我国经济发展造成损失。稳定供应链，增强本国企业的合作力度。畅通大中小企业和不同所有制企业之间的合作关系，引导中小企业加入国内供应链，为中小企业发展创造国内市场空间。提升价值链，实现高水平开放。以产业需求和技术变革为牵引，推动科技和经济紧密结合，努力实现优势领域、共性技术、关键技术的重大突破，推动"中国制造"向"中国创造"转变。利用我国在部分高端制造业领域的先发优势，增强中国制造品牌影响力，以对外投资和产品输出带动中国设计、中国标准输出，增加技术服务价值，提升我国产业在全球价值链分工的地位。

（二）处理好双循环新发展格局内的三个关系

双循环新发展格局是在国际形势不稳定、国内经济下行压力较大的背景下，作出的重要战略决策，涉及整个经济体系的调整与转向。加快形成新发展格局，需要处理好三个关系：一是"引进来"和"走出去"的关系，通过双向投资协调发展，促进国际产能合作和培育竞争新优势；二是内需与外需的关系，在强调国内大循环的同时，通过内循环加速外循环；三是开放战略和区域战略的关系，实现区域高质量协调发展，开启高水平对外开放。

处理好"引进来"和"走出去"的关系。国内产业已经深度融入国际分工体系，但仍处于全球价值链中低端，需要延伸"引进来"和"走出去"良性互动的发展思路，积极参与国际合作和竞争，加快形成新的国际大循环，在提升国内产业整体竞争力的同时，为经济全球化不断注入新动力。深化双向投资的体制机制改革。持续深化外资管理体制机制改革,不断扩大外商投资准入领域,推动外资政策向制度型开放转变,打造更加公平、包容、诚信的营商环境以吸引优质外资。深入推进境外投资管理体制机制改革,完善对外投资全过程管理,强化海外风险防控机制,有效规范对外经济合作的市场秩序,更好地推进"一带一路"建设和国际产能合作,深化我国与相关国家的互利合作。积极争取国际规则制定主导权。积极加入国际贸易规则谈判,争取在公平竞争环境、知识产权保护、技术转让、国企行为等方面获得规则制定的主导权。创新制定高标准投资争端解决机制,不断加强知识产权国际规则研究,完善技术转让法律制度,主动参与相关规则的制定,为双边投资创造更好的环境。持续优化双向投资的平台功能,做优做强现有的跨境经济合作区、边境经济合作区、境外经贸合作园区等开放平台,加快与更多"一带一路"沿线国家(地区)进行产能合作,主动策划一批重大国际合作项目,更好地发挥以双向投资培育国际竞争新优势的平台作用,不断提升双向投资质量,持续优化"引进来"和"走出去"开放格局。

处理好内需与外需的关系。要以扩大内需作为主要任务,同时也要继续扩大开放,稳定外需市场。加强政策引导,构建符合当前内外需地位的政策引导体系,大力支持发展新型基础设施、培育新兴产业等,形成新动力,淘汰落后产能,实现内需市场升级。鼓励企业拓展国际市场,同时支持适销对路的出口型企业开拓国内市场,促进内销外销常态化切换,实现内外需市场的深度融合。扩大市场空间。深化供给侧结构性改革,调整现有供给结构,扩大中高端供给,着力提高消费品有效供给能力和水平,创造更多符合消费品需求的产品,扩大内外需市场空间。同时要注重注意拓展国际市场,与更多国家建立经贸联系,努力稳定外需,扩大外部市场空间。做好制度衔接。稳定外需,就需要推动更高水平的开放,加快从商品和要素流动型开放转向以规则、标准、管理等为内容的制度性开放。扩大内需,需要积极主动地推进深化改革,打通生产、分配、流通、消费各个环节,建设统一开放、竞争有序的高标准市场体系，完善公平竞争制度，促进国内规则更好地与国际市场规则相衔接。

处理好对外开放战略与区域战略的关系。开放战略与区域战略相互促进、互为补充。双循环新发展格局，既要求打破区域分割，畅通国内大循环；又要求深度开放，积极参与国际大循环。要进一步深化对外开放战略与区域发展战略的相互关系。重点推进中西部内陆地区的对外开放。发挥中西部内陆地区的区位优势与对外开放节点作用，建设内陆开放门户与高地，构建多维度、多层次、跨区域的互联互通网络，打开面向全球的开放大通道。同时加强中西部地区与东部地区的开放统筹协调，实现沿海开放与内陆开放的广泛互动，搭建中西部区域联动和动能传导的新桥梁。加大四大城市群的互动，协同推进对外开放。根据京津冀、长三角、粤港澳和成渝四大城市群的区域特征及其在对外开放中所承担的责任使命，形成层次分明、优势互补的对外开放新格局，不断强化区域联动作用，引导对外开放走得更深更实，共同应对不稳定的国际形势。加强"一带一路"建设与长江经济带、长三角一体化等区域发展战略的深度合作。充分发挥"一带一路"的大通道作用，发挥长三角等发达和开放沿海前沿地区在"一带一路"建设中的排头兵和主力军作用，实现长江经济带、长三角一体化等区域发展战略与"一带一路"建设的贯通融合，推动区域经济在更大范围内合作，形成更为强劲的发展合力。

（三）把握好发展双循环新发展格局的基本路径

双循环新发展格局强调了内需和内循环的重要性，内外循环相互促进的必要性。在当前的国内外局势下，畅通双循环是关键突破口，而产业链供应链提升是主要发力点，激活国内市场潜力是关键支撑点，建设自贸区和"一带一路"是内外空间联通、协调的关键点。

"补短板"与"锻长板"相结合，提升产业链供应链现代化水平。提升产业链供应链现代化水平，是建设制造强国和现代化经济体系的重要基础和关键所在，也是构建双循环新发展格局的主攻方向。突破关键核心技术。加强核心基础零部件（元器件）、关键基础材料、共性技术、先进基础工艺的技术攻关，解决产业基础能力不足问题。强化新产品、新技术的检验检测和工程应用能力，提升产品质量和可靠性，确保产业链安全。提升制造业核心竞争力。全面夯实产业基础能力，再造有利于产业基础能力提升的制度和环境基础，从长远战略角度推动一批能够助力高质量发展、引领新一轮科技革命与产业变革的产业基础技术和产品突破，形成引领未来发展的产业基础优势，重点是"锻长板""拓优势"。利用大数据、云计算、人工智能、工业互联网等技术推动制造业智能化升级，促进中国制造加快迈向全球价值链中高端。加快产业链龙头企业和"专精特新"单项冠军企业培育。充分发挥企业在产业链现代化建设中的作用，强化企业主体培育，加大对龙头企业和"专精特新"中小企业的支持力度。一方面要加快培育产业链龙头企业。支持企业家通过创造新模式、运用新技术、制造新产品、开拓新市场，培育壮大一批产业生态中具有重要影响力和主导产业的领军企业。另一方面要加大"专精特新"中小企业培育力度。以提升基础产品、关键基础材料、核心零部件研发制造能力和基础软件开发、先进基础工艺和尖端设计能力为目标，实施"关键核心技术—材料—零件—部件—整机—系统集成"全链条培育路径，建立分类分级、动态跟踪管理的企业梯队培育清单，给予企业长期持续稳定的支持。加快推进新基建建设。以5G网络、大数据中心、人工智能、工业互联网等新型基础设施建设带动智能终端消费及服务消费，促进经济社会数字化转型，实现高质量发展，进一步增强中国在信息通信领域的核心竞争优势。

多措并举，激活国内强大市场潜力。以满足人民群众日益增长的美好生活需要为出发点，持续推动消费升级和供给创新。面向供给和需求变化，优化投资结构，建设统一大市场和高效流通网络，持续释放最终消费潜力，加快构建强大国内市场。持续推动消费升级。加快完善消费软硬环境，不断创新消费新模式新业态，积极培育网络消费、智能消费、定制消费、体验消费等消费新模式，推动服务消费提质扩容，丰富旅游产品供给，培育优质文化产品和品牌，建立健全集风险监测、网上抽查、源头追溯、属地查处、信用管理于一体的电子商务产品质量监督管理制度。以创新驱动优化供给质量。鼓励传统企业技术改造升级，推动新一代信息技术、生物医药、数字创意等产业与其他产业融合发展，促进新产品、新技术不断推陈出新，加快在线经济、智慧物流、智能制造等产业高质量发展。精准发力，持续优化投资结构。加快5G网络、人工智能、工业互联网、物联网数据中心等建设，支持智慧城市、智慧物流、智慧医疗等示范应用，推动铁路、公路、机场、港口等智能化改造。着力扩大制造业投资，加快传统产业智能化、绿色化、服务化、高端化改造。建立统一市场和高效流通网络。着力消除各类市场封锁和地方保护，落实并巩固维护全国"一张清单"管理模式，推动形成全国统一大市场。促进人员、技术、资本、服务等各类生产要素自由流动、优化配置。健全流通网络布局，构建全国骨干流通大通道建设。完善收入分配，推动中等收入人群增收。增加劳动者特别是一线劳动者的报酬，提高劳动报酬在初次分配中的比重。完善统一城乡居民医疗保险制度和大病保险制度，鼓励发展补充医疗保险、商业健康保险。着力扩大中等收入群体，扶持中等收入群体后备军，破除影响新型职业农民、专业技术人才等重点群体增收的体制机制障碍。

扩大开放，拓宽国际合作渠道。扩大开放是我国改革开放取得重大成就的重要原因，也是构建双循环新发展格局的必由之路。推动双循环发展，必须坚持实施更大范围、更宽领域、更深层次对外开放，通过强化开放合作，更加紧密地同世界经济联系互动。加快自贸区和海南自由贸易港建设。在现有自由贸易试验区基础上继续扩容，鼓励国内自由贸易试验区大胆试、大胆闯。加快推进沿海省自由贸易港和中西部内陆港建设，打造开放新高地，加快制度创新的红利持续释放。落实海南自贸港"零关税""低税率""简税制"政策，保证人流、物流、资金流、信息流往来自由便利，升级制度创新，打造法治化、国际化、便利化的国内经济增长新高地和国内国际双循环试验田。积极参与国际经贸规则谈判和制定。加快RCEP、中日韩、中国—海合会等国际自贸区谈判进程，争取早日签署相关协定，实现全方位、全领域的对外开放。持续推进"一带一路"建设。积极发挥中国企业的引领和主导作用，利用当地资源和要素，在沿线国家投资建设。同时善于同当地龙头企业开展互惠互利合作，形成利益共同体。在互联互通中塑造中国制造、中国创造的新型国际秩序与国际产业生态。继续优化营商环境，不断吸引跨国企业到中国投资，增强国内国际产业互融度，形成国内国际双循环相互促进的新发展格局。

三 畅通供需循环需要进一步深化供给侧结构性改革

供给侧结构性改革既是对我国经济调控思路的重大调整，也是促进经济高质量发展的重要对策，更是改善供需关系、畅通国民经济循环的战略方向。供给侧结构性改革作为我国经济工作的一条主线，在实践中开展工作已7年有余。这7年多来，我国发展环境面临深刻复杂的变化。世界经历百年未有之大变局，单边主义、保护主义、霸权主义抬头，经济全球化遭遇逆流，各种不稳定性不确定性明显增加，新冠疫情影响广泛深远，国内发展阶段、环境和条件也发生了重大转变。在此背景下，通过深入推进供给侧结构性改革，在"三去一降一补"和"破""立""降"等方面取得重大进展，同时经济结构不断优化，发展质量和效益不断提升，经济稳中向好态势明显，取得了良好成绩。实践表明，在双循环新发展格局的构建过程中，仍需坚持供给侧结构性改革这个战略方向，使生产、分配、流通、消费更多依托国内市场，提升供给体系对国内需求的适配性，实现国民经济循环畅通。

（一）深化供给侧结构性改革的八字方针

积极有效应对复杂的国际政治经济形势，立足办好自己的事，坚持"巩固、增强、提升、畅通"八字方针，围绕补齐产业链、供应链等短板，采取有针对性的措施促进经济高质量发展。

一是要大力发展实体经济。加快发展先进制造业，坚定不移地建设制造强国,从传统产业调整优化和新兴产业加快发展双向发力,推动互联网、大数据、人工智能同实体经济深度融合,加快提升供给质量和效率,推动资源要素向实体经济集聚、政策措施向实体经济倾斜、工作力量向实体经济加强。深化金融供给侧结构性改革,全面提高金融服务实体经济的效率和水平。推动落实实体经济减税降费政策,继续降低实体经济制度性交易成本。

二是要培育壮大国内市场。以有效投资补短板、扩内需、惠民生,继续农村乡村振兴、城镇老旧小区改造等投资力度,重点支持铁路、轨道交通等交通基础设施,城乡电网、天然气管道和储气设施等能源项目,农林水利、城镇污水、垃圾处理等生态环保项目,职业教育和托幼、医疗、养老等民生服务,冷链物流设施、水电气热等市政和产业园区基础设施。激发居民消费潜力,改善消费环境,发展消费新业态新模式,持续拓展城镇居民消费,有效启动农村市场,多用改革办法扩大消费。

三是要加快补齐科技创新短板。深入实施创新发展战略,加强创新能力建设和创新体制改革,全力打造具有示范和带动作用的区域创新平台。深入推进全面创新改革,推进大众创业、万众创新。加强知识产权保护和运用,支持科技成果转化,形成有效创新激励机制。推动基础研究、应用研究和产业化融通发展,深化科技体制改革,强化企业创新主体地位,营造公平包容的创新环境。大力推进5G网络部署,加快5G商用步伐,加强人工智能、工业互联网、物联网等新型基础设施建设。

四是要着力提升产业链发展水平。不断加强工业基础能力培育,发展新的产业集群,着力提升国际竞争能力,推动全球创新成果在国内孵化和应用,促进产业链迈向全球价值链中高端水平。巩固调结构成果,加快出清"僵尸企业",释放优质先进产能,不断扩大优质增量供给,增强微观主体活力,畅通经济循环。建立健全政学研用相结合的产业技术创新体系,提升产业公共服务能力,优化产业组织结构。

五是要深化与各国务实合作。积极推动共建"一带一路",以贸易、投资、金融等领域合作为依托，以推进重大项目合作为突破，以互惠互利为基础，促进中国与发达国家双向贸易、投资和第三方市场合作。全面落实外资准入负面清单和鼓励外商投资产业目录，抓紧制定外商投资法有关配套法规，落实外资企业同等待遇，切实保护在华外资企业合法权益，鼓励外资企业在华深耕发展。

六是要积极维护全球经贸秩序。坚决反对以邻为壑的保护主义，积极参与构建互利共赢的全球价值链，维护全球产业链和供应链稳定，坚定不移支持全球贸易投资自由化便利化。积极参与国际经贸组织改革，提出世贸组织改革中国方案，促进国际经济秩序朝着平等公平、合作共赢的方向发展。更加有效地实施宏观经济政策协调，加强与各国政策部门的沟通交流，创造正面外溢效应，共同促进世界经济可持续平稳包容增长。

（二）坚持增强微观主体的活力和创新力

一方面，深化国企改革。按照"完善治理、强化激励、突出主业、提高效率"的要求，优化调整国有经济布局结构和企业产权结构，最大化发挥国企改革对供给侧结构性改革的乘数效应，充分激发微观市场主体活力。加快建设中国特色现代国有企业制度，积极完善企业市场化经营机制。突出战略规划引领，加快国有经济布局优化、结构调整、战略性重组。积极稳妥地发展混合所有制经济，稳步开展国际化经营，提升全球资源配置能力。持续深入推进改革试点，放大试点效果。

另一方面，充分激发非公有制经济主体活力。坚定"两个毫不动摇"，瞄准痛点和堵点，彻底解决市场壁垒"虚低实高"问题，充分激发非公经济主体活力，尤其是企业家主观能动性。着力营造公平竞争环境，全面落实市场准入负面清单制度，建立清单动态调整机制，加快推出一批鼓励非公资本参与的示范项目。在市场准入、审批许可、经营运行、招投标等方面，为民营企业打造公平竞争环境，给民营企业发展创造充足的市场空间。依法保护非公有制企业合法权益，全面落实完善产权保护制度依法保护产权的意见，坚决维护民法典权威，将平等保护作为规范财产关系的基本原则，完善产权保护法律体系。严格规范执法司法行为，严格规范涉案财产处置的法律程序，审慎把握处理产权和经济纠纷的司法政策，在涉及民营企业家的执法司法行为中，严格依法保护法人和涉案人财产权益。优化营商服务环境。治理非公主体反映最强烈、舆论关注度高的突出问题，畅通民营和小微企业融资渠道"最后一公里"。深入开展地方政府失信专项治理行动，强化兑现承诺，增强政策连续性和稳定性。

（三）抓住制度改革创新作为改革关键点

一方面，深入推进政府职能转变。按照政府定标准、企业给承诺、过程强监管、信用管终身的基本思路，进一步理顺政府与市场、政府与社会的关系，大幅减少政府对微观事务的管理，促进政府治理能力现代化。聚焦科技、教育、医疗、卫生、养老等重点领域企业和群众反映强烈的问题，切实提高取消和下放行政许可事项的含金量，增强市场主体和人民群众获得感。全面推行"双随机、一公开"监管，推行跨部门联合监管和"互联网＋"监管，加强信用监管，实现"事前管标准、事中管检查、事后管处罚、信用管终身"。全面推进"一网通办"改革，构建政务服务、监管服务、金融服务、法律服务、多式联运服务等服务体系，建设人民满意的服务型政府。发挥样板示范作用，及时总结优秀案例和成功做法，在全国进行复制推广。

另一方面，推进财税体制改革。以解决供给侧结构性矛盾为着力点，建立相应的税收制度、预算制度和政府支出制度。深化税收制度改革，减轻企业税费负担。推动健全地方税体系改革，完善直接税体系和间接税体系。完善政府预算体系，调整支出结构，加大对科技、教育和公共服务领域的支出力度。建立健全跨年度预算平衡机制，规范地方政府举债融资机制，遏制隐性债务增量，稳妥处理债务存量。加快制定处理地方政府债务的办法，完善风险预警和债务处置机制，实施有限救助制度。科学界定各级财政事权和支出责任，建立权责清晰、财力协调、区域均衡的中央和地方财政关系。

（四）推进实体经济尤其是制造业高质量发展

第一，把制造业发展作为国家经济发展的根基，坚持传统和新兴产业发展并重。加快重塑新的竞争优势，建设制造强国。支持传统产业的技术改造升级，实施新一轮技术改造工程，支持传统产业智能化、绿色化改造。推进重大装备示范应用，鼓励信息技术与制造业深度融合，以智能制造为抓手，加快推进人工智能、工业互联网、物联网等新型基础设施建设，促进传统制造业向数字化、网络化、智能化升级。深入落实质量强国战略，开展质量提升行动，全面提高传统制造业产品质量。把握全球制造业分工格局的重大变革趋势，加快布局产业链、供应链和价值链，提高制造业全球竞争力。加快发展壮大新兴产业，把握新科技革命和产业变革的历史机遇，着力加强人工智能、生物医药、新能源汽车、高端设备、新材料等重大技术创新和突破，建立包容审慎的监管体制，创造更多的市场应用场景，加快国际合作，促进新技术、新组织形式、新产业集群形成和发展，加快数字经济、生物经济等发展，促进新旧动能转换。着力增强制造业创新力，全面落实企业研发投入抵扣政策，进一步加大抵扣力度，加强政府采购政策对创新产品的支持。支持建设制造业发展关键共性技术研发平台，健全以需求为导向、企业为主体的产学研一体化创新机制，抓紧布局国家实验室，重组国家重点实验室体系。

第二，加强实体经济发展的要素支撑。加快建设知识型、技能型、创新型劳动者大军。紧紧围绕经济转向高质量发展阶段的要求，应对人口结构老龄化趋势，深化教育体制改革和人才培养体制改革，着力提升劳动力质量和配置效率，努力实现我国由人口大国向人才强国的转变。着力解决企业尤其是制造业企业招人难、人才缺乏问题，深化劳动力市场改革，打破城乡、地区、行业分割和身份、性别歧视，实现劳动力在城乡间自由流动。建立全国统一的人才资源市场，支持各类中介服务机构发展，为用人单位提供高效、便捷的服务。加大对制造业企业招聘蓝领工人、技工、大学生等政策支持。加强职业技能培训，对接产业转型升级和市场需求，完善职业教育和培训体系，优化学校和专业布局，深化办学体制改革和育人机制改革，鼓励和支持社会各界特别是企业积极支持职业教育，着力培养高素质劳动者和技术技能人才。适应新技术革命和产业变革需要，支持高等院校、职业学校和企业联合办学，加强对人工智能、基因检测、家政服务等领域人才的培养。加强创新型人才培养，深化教育体制改革，调整课程设置，完善和推行初高中学业水平考试和综合素质评价。

第三，增强金融服务实体经济能力。坚持以服务实体经济、服务人民生活为本，加快金融的市场化改革，促进金融机构组织结构、经营理念、创新能力、服务水平的转型升级，疏通货币政策传导机制，深化利率市场化改革，推动多轨的政策利率逐步并轨，确保货币信贷保价保量传导至企业需求端。优化金融供给结构，构建多层次、广覆盖、有差异的银行体系，积极开发个性化、差异化、定制化金融产品，提高金融机构中非银行金融机构数量占比，提高中小型银行机构、民营银行、外资机构数量占比。改善优化针对民营企业、小微企业和"三农"金融服务，强化普惠金融等服务质量，发展民营银行和社区银行，组建小型"下沉式"金融机构，推动部分守规且业绩佳的小额贷款公司转制成小型商业银行。提高直接融资比重，把好注册制市场入口和退市制市场出口两道关，加强交易全程监管。适应新兴产业和创新创业发展要求，改革股票市场发行、交易、退市等制度，深化创业板和新三板改革，探索建立统一监管下的场外交易市场，发展创业投资和天使投资，提高直接融资比重。积极扩大机构投资者、境外投资者、长期资金投资者占比，切实保护好中小投资者权益。更大力度拓宽金融业双向开放，进一步扩大银行业、保险业、证券业在内的多领域金融业对内对外开放，加速国内金融监管补齐制度短板，保障监管能力适应对外开放进程。提高国际竞争力，培育具有国际影响力的金融市场。

第四，提高技术有效供给能力。深入实施创新驱动发展战略，大力推进科技创新和体制创新，着力增强原始创新能力，加快实现科技创新从"数量型"向"质量型"转变，建设科技强国。加强关键技术攻关，加强基础研究和应用基础研究，鼓励自由探索，加强学科体系建设，完善基础研究体制机制，组织实施国际大科学计划和大科学工程，努力使我国基础研究进入世界领先水平。加快建立现代科研院所制度和现代大学制度，推动科研院所和高等院校改革，建立科学合理的薪酬制度、评价制度和人事制度，使科研人员能够潜心研究，取得系列具有原创性、颠覆性的重大创新成果。积极支持以"新增投入＋新的机制"方式，组建一批科研院所、国家实验室等新型研发机构，鼓励民办大学发展，通过增量带动存量改革。

第十一章 深化供给侧结构性改革为主线的几点思考

党的十九大报告指出，我国经济已由高速增长阶段转向高质量发展阶段，正处在转变发展方式、优化经济结构、转换增长动力的攻关期。跨越"三大关口"，需要建设现代化经济体系，而建设现代化经济体系必须以供给侧结构性改革为主线。

党的二十大报告指出，加快构建新发展格局，着力推动高质量发展。坚持以推动高质量发展为主题，把实施扩大内需战略同深化供给侧结构性改革有机结合起来，增强国内大循环内生动力和可靠性，提升国际循环质量和水平。

深化供给侧结构性改革，对于推动我国经济高质量发展、全面建成小康社会，进而全面建设社会主义现代化强国具有重大意义。深化供给侧结构性改革为主线，推进与把握改革的整体进程，要尝试从宏观动力、中观产业、微观企业三个角度出发，实现改革的系统性、整体性和协同性。

一 供给侧结构性改革与宏观动力

从全球范围看，科学技术越来越成为推动经济社会发展的主要力量，创新驱动是大势所趋，当前，我国经济正从要素驱动向创新驱动转变。劳动、资本和全要素生产率是从供给侧角度驱动经济增长的三大动力,要实现创新驱动经济增长,必须对三大动力的结构进行调整,从过去依赖要素投入为主向依赖全要素生产率为主转变。世界主要发达国家的经济发展实践表明,全要素生产率已经成为经济增长的第一动力。

长期以来,我国经济增长主要依靠低成本要素驱动。近年来,这种低成本的要素驱动型增长动力越来越难以持续。从劳动要素来看,劳动年龄人口新供给的数量在不断下降;从资本要素看,资本回报率不断下降,资本要素供给的数量驱动力量也日益减弱。因此,面对劳动和资本要素收益递减的趋势,未来经济增长的动力源泉越来越依赖于提高全要素生产率。通过西方发达国家的经济增长过程不难发现,随着经济的发展,会出现资本深化的趋势。诚然,资本深化会促进经济增长,然而仅是靠现在生产技术增加工厂数目的资本积累,生活水平的提高不可持续。因此,通过技术创新路径不断提高全要素生产率才是提高生活水平的重要前提。从供给角度看,未来的经济增长应从主要依靠投资规模扩张以及廉价劳动力转变为主要依靠劳动力质量提升和生产力的提高,全要素生产率才是内生增长可持续的源泉。

(一) 宏观动力与全要素生产率

全要素生产率实际上反映的是生产过程中无法被定量衡量的那些因素的贡献,这些因素包括技术制度、企业家才能、人力资本、规模报酬、产业结构、对外开放等。提高全要素生产率,实际上就是要加大技术、制度、企业家才能、人力资本、规模、产业结构、对外开放程度等因素的投入,通过技术进步、人力资本提升、结构性改革、扩大开放等,提高可以定量衡量的资源的利用效率。[①] 要注意的是,全要素生产率比劳动生产率更能反映一国经济高质量发展的水平。高质量发展意味着经济增长要从粗放型向集约型转变。粗放型经济增长方式主要依靠增加劳动、资本等生产要素的投入来增加产出,这种经济方式又被称为外延型增长方式,以这种方式实现经济增长消耗较大,

---

① 苏剑:《从全要素生产率看高质量发展》,《光明日报》2019年3月15日。

成本较高。集约型经济增长方式则是指在不增加劳动、资本等生产要素的前提下,通过提高全要素生产率(即人物结合的效率)来增加产出,这种经济增长方式又被称为内涵式增长方式,以这种方式实现经济增长消耗较小,成本较低。在粗放型经济中,劳动生产力可以提高,但全要素生产率可能仍然较低,而在集约型经济中,劳动生产率提高,全要素生产率也必然提高。因此,全要素生产率可以比劳动生产率更加全面地反映人和物结合的效率,从而能够更加科学地衡量经济高质量发展的水平。

(二) 提高全要素生产率的途径与方法

影响全要素生产力的途径主要有技术进步、管理时间、创新资源配置效率以及其他不可测的因素,因此在供给侧结构性改革的实践中,至少可以通过以下三个方面提高全要素生产率。

第一,促进技术进步。从人类社会经济发展的历史进程来看,提高全要素生产率最重要的途径是技术进步。重大的技术进步往往可以大幅提高人(劳动)和物(资本)结合的效率。在技术水平不变或技术水平进步较为缓慢的情况下,随着人均资本的增加,产出会出现边际收益递减的趋势;但当有重大的技术进步产生时,不仅可以抵消投资边际收益递减的负面影响,而且可以出现投资边际收益递增的情况。由此可见,技术进步对于提高全要素生产率至关重要。从长期经济增长的关键动力来看,提高全要素生产率,最为关键的一步是通过完善科技创新的体制机制来加快促进全社会各领域的科技进步。因此,要以推动科技创新为核心,引领科技体制及其相关体制深刻变革。要加快建立科技咨询支撑行政决策的科技决策机制,加强科技决策咨询系统,建设高水平科技智库。要加快推进重大科技决策制度化。要完善符合科技创新规律的资源配置方式。要着力改革和创新科研经费使用和管理方式。要改革科技评价制度,正确评价科技创新成果的科学价值、技术价值、经济价值、社会价值和文化价值。[①]

---

① 参见习近平《习近平谈治国理政》(第二卷),外文出版社2017年版,第273—274页。

第二，管理实践创新。我国改革开放40多年的经济实践中，通过管理实践创新提高全要素生产率的典型案例不胜枚举。而事实上，几乎所有的发达国家在经济发展过程中都非常重视管理对经济增长的促进作用。无论是在企业、产业层面，还是在地区、国家层面，管理对全要素生产率的提高都是至关重要的。因此，在深化供给侧结构性改革的过程中，应该更加注重向管理要效率，通过不断推动管理创新，提高全要素生产率。

第三，提高资源配置效率。供给侧结构性改革初期提出的"三去一降一补"五大任务，实际上就是为了提高资源配置的效率。当时经济运行中普遍存在产能过剩、库存较高、杠杆偏高、成本过高、短板突出等问题，通过"去产能"，将有限的资源从产能过剩行业配置到产能不足、需要高质量发展的行业中；通过"去库存"，为新的产业发展提供空间；通过"去杠杆"，将负债过高、财务风险大的企业、行业资源配置到杠杆率相对安全的行业、企业中；通过"降成本"，让更多资源配置到实体经济中去；通过"补短板"，将资源配置到社会经济发展中的薄弱环节。随着五大任务的初步完成，社会资源得到了重新配置，全要素生产率得到进一步提升。资源配置的过程是在各个企业、行业、产业之间动态分配的过程，通过市场和政府的协同作用促进资源的合理配置，从而通过提高资源配置效率来提升全要素生产率。此外，实现规模经济也可以提高资源配置的效率。

二 供给侧结构性改革与中观产业

通过前文的分析，我国三次产业结构的变动趋势主要呈现出第一产业比重不断下降、第二产业比重总体稳定、第三产业比重不断上升的趋势。这一变动趋势与世界三次产业结构变动的总体趋势大体一致，即随着经济不断的发展，国家的三次产业结构一般都会呈现出从"一二三"向"二三一"再向"三二一"演变的趋势。全面深化供给侧结构性改革，不仅需要通过改革对三次产业之间的结构进行调整和优化，而且需要对三次产业内部的"三大动力"结构不断进行调整和优化，以最终实现经济高质量发展的目标。

（一）农业供给侧结构性改革与乡村振兴

农业供给侧结构性改革需要同乡村振兴战略的实施相结合。在实施乡村振兴战略的过程中必须坚持以农业供给侧结构性改革为主线，走中国特色社会主义乡村振兴道路，才能全面实现农业强、农村美、农民富的"三农梦"。一方面，农业供给侧结构性改革是实施乡村振兴战略的必然要求。实施乡村振兴战略，是建设现代化经济体系的重要内容。实施乡村振兴战略，必然要求以农业供给侧结构性改革为主线，其基本逻辑可以概括为"中国梦—发展—新的历史方位—由高速增长阶段转向高质量发展阶段—建设现代化经济体系—实施乡村振兴战略—以供给侧结构性改革为主线"。由此可见，农业供给侧结构性改革是实现中国梦的重要举措。另一方面，农业供给侧结构性改革是乡村振兴总要求的实现途径。"三农"领域经济基础的夯实和提升，必须通过推进农业供给侧结构性改革来实现。要坚持新发展理念，把推进农业供给侧结构性改革作为农业农村工作的主线，培育农业农村发展新动能，提高农业综合效益和竞争力。只有牢牢抓住农业供给侧结构性改革这条主线，才能在实现产业兴旺的基础上，真正实现生态宜居，乡风文明，治理有效，生活富裕。

习近平总书记关于"三农"工作新理念新思想新战略的"八个坚持"，是党的"三农"理论创新的最新成果，是中国特色社会主义思想的重要组成部分，为新时代"三农"工作提供了根本遵循。在实施乡村振兴战略的过程中，必须在学懂弄通做实"八个坚持"的基础上，以农业供给侧结构性改革为主线，走好中国特色社会主义乡村振兴道路。通过实践创新，处理好农民与土地的关系、农民与市场的关系，促进城乡融合发展，实现人与自然的和谐共生，从而达到产业兴旺、生态宜居、乡村文明、治理有效、生活富裕的总要求。以农业供给侧结构性改革为主线走中国特色社会主义乡村振兴道路，主要从以下角度着手：一是走城乡融合发展之路，推进农村一二三产业融合发展，着重做好"调结构"和"补短板"工作，促进城乡要素双向流动，加快城乡融合发展。二是走共同富裕之路，把农民组织起来，实现产业兴旺。三是走质量兴农之路，通过调整农产品结构，生产优质农产品来满足消费者需求，以实现提质增效。四是走绿色发展之路，念好"山海经"，唱好"林草戏"，让所有的生产要素在符合绿色发展理想理念的前提下发挥作用。五是走乡村文化兴盛之路，提升农产品文化内涵，打造乡村文化产业，满足人民日益增长的美好生活需要。六是走乡村善治之路，在组织村民优化产品和服务供给结构的过程中，通过利益纽带引导村民步入乡村治理的良性发展道路。七是走中国特色减贫之路，通过"补短板"和"增特色"，培育可持续发展的、具有市场竞争优势的产业。

（二）工业供给侧结构性改革与制造强国

虽然第三产业占GDP的比重已经超过第二产业占比，但从产业包括的具体行业来看，第三产业中目前还没有行业的增加值占GDP的比重超过两位数，而第二产业中的制造业增加值占GDP的比重已近1/3。因此，若以行业增加值对GDP增长的贡献来看，制造业毫无疑问是我国的第一大行业。制造业也在一国工业化发展中有着特殊的重要性，是工业化国家的战略性支撑产业。习近平总书记指出，必须始终高度重视发展壮大实体经济，抓实体经济一定要抓好制造业。[①] 这一讲话深刻指出了制造业对实体经济、实体经济对经济发展的重大意义。而深入推进工业供给侧结构性改革，对于我国实现经济高质量发展具有历史性全局性的重要意义。以制造强国为目标，深化工业供给侧结构性改革，必须有明确可行的制造强国战略，不断增强制造业的竞争力与控制力，尽快完善有利于促进制造业发展的产业政策。

第一，行之有效的制造强国战略。我国由"制造大国"迈向"制造强国"尚需时日，需要行之有效的制造强国战略。从新中国成立到

---

① 《深入学习贯彻党的十九大精神 紧扣新时代要求推动改革发展》，《人民日报》2017年12月14日。

1978年，我国制造业实现了从无到有，在计划经济体制下，我国集中配置有限的资源，初步建立了独立且相对完整的制造体系。从改革开放到2015年，我国制造业实现了从有到大，2010年我国成为全球制造业第一大国，制造业体系愈加完善，制造业的整体质量不断提升。从2015年至2049年，我国制造业将实现从大到强。这一阶段将分"三步走"。第一步，力争用十年迈入制造强国行列。到2020年，基本实现工业化，制造业大国地位进一步巩固，制造业信息化水平大幅提升。到2025年制造业整体素质大幅提升，创新能力显著增强，全员劳动生产率明显提高，工业化和信息化融合迈上新台阶。第二步，到2035年，制造业整体达到世界制造强国阵营的中等水平，创新能力大幅提升，重点领域发展取得重大突破，整体竞争力明显增强，优势行业形成全球创新引领能力，全面实现工业化。第三步，到21世纪中叶，制造业大国地位更加巩固，综合实力进入世界制造强国前列，在制造业主要领域具有创新引领能力和明显竞争优势，建成全球领先的技术体系和产业体系。

第二，增强制造业的竞争力与控制力。面对我国制造业"大而不强"的现状，为进一步提升制造业的竞争力和控制力，在深化供给侧结构性改革的过程中，应着重加快建设制造强国，加快发展先进制造业，推动互联网、大数据人工智能和实体经济深度融合。支持传统产业优化升级，促进我国产业迈向全球价值链中高端，培育若干世界级先进制造业集群。紧紧抓住基础创新，加快建设创新型国家。加快建立和完善支持协同创新的科研政策、财税金融政策、人才政策、国际合作政策和相关的法律法规，在全社会营造支持关键核心技术创新的良好生态环境。在提升竞争力时，既要重视研发投入，也要高度重视以非研发创新塑造持续竞争力。在提升控制力时，除了要加快关键核心技术的研发进程，还要有清晰的战略战术。

第三，完善促进制造业发展的产业政策。无论是发展中国家还是发达国家，在经济调控的实践中都或多或少地采用了产业政策。要促进"有效市场"与"有为政府"的结合。有效市场能够很好地反映各种要素相对稀缺的价格体系，而在市场之外，政府要为完善技术创新产业升级提供软性和硬性的外部环境，为企业发展提供必要的基础设施。此时，政府产业政策在其中的作用就非常关键，政府必须根据市场失灵设计出解决问题的机制，促进社会整体福利水平提升。当前，我国的产业政策应从选择性政策向功能性政策转变，特别是对制约制造业转型升级的一些共性技术和基础薄弱环节，应予以重点支持，以更好地促进制造业的供给侧结构性改革。

（三）服务业供给侧结构性改革

我国经济高质量发展离不开服务业的提质升级，迫切需要加快服务业供给侧结构性改革的步伐。深化服务业供给侧结构性改革，应着力落实现代服务业改革发展举措，包括打破垄断，放松管制，扩大服务业对内对外开放；改革对服务业限制较多的投资审批体制；创新服务业新业态、新模式的监管方式；完善服务业信用体系建设；深化服务业价格改革等。加快在医疗、养老、教育、文化、体育等多领域推进"互联网+"。

第一，打破垄断，优化供给结构。我国服务业在发展中既存在总量问题，也存在结构问题。从总量上看，我国服务业增加值占GDP的比重虽已超过50%，但与其他发达国家相比，仍处于较低水平；从结构上看，传统的劳动密集型服务业较多，现代生产性服务业发展不充分。无论是总量问题还是结构问题，都需要通过深化改革加以解决。服务业最大的制约是体制机制障碍，出路在改革开放。打破垄断、扩大对内和对外开放，是为服务业松绑的重要前提。在打破垄断的过程中，不仅可以优化服务业内部供给结构，而且可以优化整个国民经济的供给结构。一方面，打破服务业垄断，会促进服务业发展，从而促进就业机会的增加。这样在供给侧结构性改革中，从工业领域某些"僵尸企业"分离出来的人员就会有更加广阔的就业空间；另一方面，打破服务业垄断，会促进高端人力资本流动。打破服务业垄断，会使原有的垄断服务部门盈利能力下降，从而有利于引导高端人力资本流向其他领域，特别是流向国家政策支持鼓励的战略性行业。

第二，推进生产性服务业与制造业深度融合。发展制造业是我国的战略选择，制造业的转型升级离不开服务业特别是生产性服务业的高质量发展。生产性服务业与制造业之间关系密切，要深化供给侧结构性改革，使二者相互促进，不断提高全要素生产率，从而持续提升我国宏观经济的综合竞争力。实践表明，生产性服务业比消费性服务业具有更快的增长速度和更高的劳动生产率，而生产性服务业劳动生产率的提高离不开制造业特别是高端制造业生产率的提高，要促进生产性服务业价值链嵌入制造业价值链，推动形成生产性服务与生产制造协同发展的产业新生态。需要注意的是，在深化服务业供给侧结构性改革的过程中，既要高度重视生产性服务业和制造业的深度融合，也要高度重视二者融合背后的真正推手——高端人力资本。为此需要深化体制机制改革，充分发展文化、教育、医疗、卫生、健康等公共服务业，从而为制造业和服务业升级提供高质量人力资本。

第三，深化金融供给侧结构性改革。金融作为生产性服务业中的重要类别，被称为国民经济的"血脉"，对实体经济的发展具有举足轻重的作用。畅通国民经济循环，需要打通金融与实体经济之间的梗阻，使二者形成良性循环。首先，要明确金融体制改革的目标结构。深化金融供给侧结构性改革，必须贯彻新落实新发展理念，强化金融服务功能，找准金融服务重点，以服务实体经济、服务人民生活为本。其次，要提高股权融资比重，优化融资结构。在逐渐优化融资结构的过程中，需要通过深化供给侧结构性改革，促进银行业和资本市场的健康发展。再次，要深化金融各领域改革，优化产品结构。保险业要优化产品供给结构，政策性金融则要致力于弥补商业金融的不足，服务国家重大战略。最后，要通过逐渐"去杠杆"防范金融风险。通过振兴实体经济"去杠杆"；继续深化国有企业改革，逐步降低企业杠杆率；加快促进新兴产业发展，提高投入产出效率；建立和完善与杠杆率相关的管理制度。

三 供给侧结构性改革与微观企业

供给侧结构性改革,既要促进公有制经济发展,也要促进非公有制经济发展,在微观企业层面上,一方面要继续深化国有企业改革,另一方面要促进民营企业的发展。

(一) 深化国有企业改革

深化国有企业改革,主要包括分类推进国有企业改革,完善现代企业制度,完善国有资产管理体制,发展混合所有制经济,强化监督防止国有资产流失,加强和改进党对国有企业的领导,为国有企业改革创造良好环境条件。在深化供给侧结构性改革的过程中,国有企业面临着"去杠杆",处理"僵尸企业"等诸多挑战。深化国有企业改革,要加快实现"五突破一加强"的六大目标,在党建与经营的深度融合、治理结构的完善以及改进激励与约束机制方面深化改革。

第一,促进国有企业党建与经营的深度融合。坚持党对国有企业的领导是重大政治原则,必须一以贯之;建立现代企业制度是国有企业改革的方向,也必须一以贯之。深化国有企业改革需要坚持四不原则,即坚持党对国有企业的领导不动摇、坚持服务生产经营不偏离、坚持党组织对国有企业选人用人的领导和把关作用不能变、坚持加强国有企业党组织建设不放松,将国有企业的政治属性与经济属性高度统一、有机融合。

第二,进一步完善国有企业治理结构。一方面,通过混合所有制改革引入战略投资者和产业投资者,开展员工持股等方式建立均衡合理的股权结构,以有效解决国有股"一股独大"带来的内部人控制问题;另一方面,在优化股权结构的基础上,健全法人治理结构,结合实际创新,兼顾各方利益。

第三,改进国有企业激励与约束机制。对国有企业经营管理者活动要合理约束,适当放权;建立和完善容错机制,营造宽容的社会氛围;对国有企业管理层和员工要多给予激励政策。

(二)促进民营企业发展

民营企业是我国经济发展中最有活力的微观主体,是深化供给侧结构性改革、实现高质量发展的重要基础。首先,要设立专门的民营企业服务机构。为了更加有效地促进民营企业的发展,可考虑借鉴西方发达国家的经验,在中央政府和地方政府层面设立专门的民营企业服务机构,对全产业、各行业的中小企业统一归口管理,提供专业化服务。其次,为民营企业营造公平竞争的市场环境。在供给侧结构性改革的过程中,各级政府需下大力气解决长期以来有关民营企业政策落实不到位、不彻底、不全面的问题,抓紧建立和完善相关的激励和约束机制,确保各项政策措施及时落地,处处为民营企业创造出公平公正的营商环境。最后,多措并举解决民营企业实际困难。针对民营企业长期存在的融资贵、融资难问题,一方面,要加强普惠金融支持力度,鼓励国有商业银行利用大数据增加对中小企业的贷款;另一方面,要加快社会征信体系建设,将分散在工商、银行、税务、海关等多部门的信息统一纳入综合信息管理平台,建立信息共享制度,使金融部门可以根据征信系统更加有效地为民营企业提供融资服务。

主要参考文献

一 专著

《资本论》第一卷，人民出版社2008年版。
《资本论》第二卷，人民出版社2008年版。
《资本论》第三卷，人民出版社2008年版。
《马克思恩格斯选集》（第1—4卷），人民出版社2012年版。
《邓小平文选》（第2卷），人民出版社1993年版。
《邓小平文选》（第3卷），人民出版社1993年版。
《习近平关于全面建成小康社会论述摘编》，中央文献出版社2016年版。

习近平：《习近平谈治国理政》（第一卷），外文出版社2018年版。
习近平：《习近平谈治国理政》（第二卷），外文出版社2017年版。
中共中央宣传部：《习近平新时代中国特色社会主义思想三十讲》，学习出版社2018年版。
中共中央宣传部：《习近平新时代中国特色社会主义思想学习纲要》，学习出版社2019年版。
中共中央宣传部：《习近平总书记系列重要讲话读本》（2016年版），学习出版社2016年版。
陈先达：《历史唯物主义与当代中国》，中国人民大学出版社2019年版。

党力、李怡达、彭程：《供给侧改革的探索与创新》，人民邮电出版社2017年版。

方福前：《中国式供给革命》，中国人民大学出版社2018年版。

郭杰、于泽、张杰：《供给侧结构性改革的理论逻辑及实施路径》，中国科学出版社2016年版。

郭威、胡希宁、徐平华、董艳玲：《供给侧结构性改革：理论与实践》，人民出版社2016年版。

贾康：《供给侧改革：理论、实践与思考》，商务印书馆2016年版。

贾康、苏京春：《供给侧改革：新供给简明读本》，中信出版社2016年版。

江小国：《供给侧改革：方法论与实践逻辑》，中国人民大学出版社2017年版。

慎海雄：《习近平改革开放思想研究》，人民出版社2018年版。

王一鸣、陈长生：《聚力供给侧结构》，中国发展出版社2017年版。

吴敬琏：《供给侧改革》，中国文史出版社2016年版。

朱妙宽：《马克思两大发现新探》，黑龙江人民出版社2006年版。

［法］布阿吉尔贝尔：《法国详情及补篇》，伍纯武译，商务印书馆1981年版。

［法］布阿吉尔贝尔：《谷物论 论财富、货币和赋税的性质》，伍纯武译，商务印书馆1979年版。

［法］杜阁哥：《关于财富的形成和分配的考察》，南开大学经济系经济学说史教研组译，商务印书馆1978年版。

［法］弗朗斯瓦·魁奈：《魁奈〈经济表〉及著作选》，晏智杰译，华夏出版社2006年版。

［法］让·巴蒂斯特·萨伊：《政治经济学概论》，赵康英等译，华夏出版社2017年版。

［美］保罗·斯威齐：《资本主义发展论》，陈光烈、秦亚男译，商务印书馆1997年版。

〔美〕布莱恩·多米特诺维奇：《供给侧革命》，朱冠东、李炜娇译，新华出版社 2016 年版。

〔美〕理查德·H. 芬克：《供给经济学经典评读》，沈国华译，上海财经大学出版社 2018 年版。

〔美〕罗伯特·阿特金森：《美国供给侧模式启示录》，杨晓、魏宁译，中国人民大学出版社 2016 年版。

〔美〕米尔顿·弗里德曼、詹姆斯·M. 布坎南等：《欧美经济学家论供给侧》，武良坤译，上海财经大学出版社 2018 年版。

〔美〕约瑟夫·熊彼特：《资本主义、社会主义与民主》，吴良健译，商务印书馆 1999 年版。

〔英〕乔安·罗宾逊：《马克思、马歇尔和凯恩斯》，北京大学经济系资料室译，商务印书馆 1964 年版。

〔英〕托马斯·孟、尼古拉斯·巴尔本、德利·诺思：《贸易论（三种）》，顾为群译，商务印书馆 1997 年版。

〔英〕托姆·博托莫尔：《现代资本主义理论》，顾海良、张雷声译，北经济学院出版社 1989 年版。

〔英〕威廉·配第：《配第经济著作选集》，陈东野、马清槐、周锦如译，商务印书馆 1981 年版。

〔英〕西蒙·克拉克：《经济危机理论——马克思的视角》，杨健生译，北京师范大学出版社 2011 年版。

〔英〕休谟：《人性论》，关文运译，商务印书馆 2016 年版。

〔英〕亚当·斯密：《国民财富的性质和原因的研究》（上），商务印书馆 1972 年版。

〔英〕亚当·斯密：《国民财富的性质和原因的研究》（下），商务印书馆 1972 年版。

〔英〕约翰·洛克：《政府论》（下），叶启芳、崔菊农译，商务印书馆 1963 年版。

二　期刊、学位论文

白暴力、王胜利:《供给侧改革的理论和制度基础与创新》,《中国社会科学院研究生院学报》2017年第3期。

蔡万焕:《超越供给学派与凯恩斯主义之争——供给侧结构性改革的政治经济学分析》,《思想理论教育导刊》2017年第3期。

陈福中:《凯恩斯主义、供给经济学与中国供给侧改革实践》,《管理学刊》2018年第6期。

陈景华:《马克思的供求理论及其当代价值研究》,博士学位论文,福建师范大学,2019年。

陈龙:《供给侧结构性改革：宏观背景、理论基础与实施路径》,《河北经贸大学学报》2016年第8期。

陈鹏:《对供给侧结构性改革的经济哲学和政治经济学分析》,《马克思主义与现实》2018年第3期。

程恩富、方兴起:《供给侧结构性改革可借鉴德国嵌入式生产系统转型》,《华南师范大学学报》(社会科学版)2016年第10期。

迟福林:《"十三五"：以经济转型为主线的结构性改革》,《上海大学学报》(社会科学版)2013年第3期。

迟福林:《改革开放40年建立与完善社会主义市场经济体制的基本实践》,《改革》2018年第8期。

崔健:《日本供给侧结构性改革的时机、措施与效果研究》,《日本学刊》2019年第5期。

丁浩、王任重:《经济高质量发展与供给侧结构性改革耦合分析》,《华东经济管理》2020年第12期。

丁任重:《关于供给侧结构性改革的政治经济学分析》,《经济学家》2016年第3期。

丁为民:《供给侧结构性改革的实质、路径与实现条件》,《政治经济学评论》2016年第3期。

丁兆庆：《习近平新时代中国特色社会主义经济思想科学内涵的学理逻辑》，《理论学刊》2019 年第 11 期。

杜恂诚：《论中国的经济史学与西方主流经济学的关系》，《中国经济史研究》2019 年第 9 期。

方凤玲、白暴力：《习近平经济新常态思想对马克思主义政治经济学的丰富与发展》，《人文杂志》2018 年第 7 期。

方福前：《四十年中国经济体制的三次革命》，《经济理论与经济管理》2018 年第 11 期。

方福前：《寻找供给侧结构性改革的理论原图》，《中国社会科学》2017 年第 7 期。

方敏：《政治经济学视角下的供给侧结构性改革》，《北京大学学报》（哲学社会科学版）2018 年第 1 期。

方茜、周文：《习近平新时代中国特色社会主义经济思想的现实背景、实践基础与显著特征》，《经济纵横》2018 年第 11 期。

冯志峰：《供给侧结构性改革的理论逻辑与实践路径》，《经济问题》2016 年第 2 期。

盖凯程、冉梨：《〈资本论〉视域下的供给侧结构性改革——基于马克思社会总资本再生产理论》，《财经科学》2019 年第 8 期。

干春晖、余典范、余红心：《市场调节、结构失衡与产业结构升级》，《当代经济研究》2020 年第 1 期。

顾海良、黄泰岩、刘灿、范从来、周文：《庆祝改革开放 40 周年笔谈》，《经济学家》2018 年第 12 期。

顾梦佳、王腾、张开：《习近平新时代中国特色社会主义经济思想》，《政治经济学评论》2019 年第 5 期。

郭俊华、魏宇杰：《供给侧结构性改革的文献评述》，《西安财经学院学报》2017 年第 2 期。

郭克莎：《坚持以深化供给侧结构性改革推进产业结构调整升级》，《经济纵横》2020 年第 10 期。

郭学能、卢盛荣：《供给侧结构性改革背景下中国潜在经济增长率分析》,《经济学家》2018年第1期。

郭莹:《供给侧结构性改革视角下僵尸企业的成因与出清路径》,《现代经济探讨》2012年第12期。

韩保江:《"供给侧结构性改革"的政治经济学释义——习近平新时时代中国特色社会主义经济思想研究》,《经济社会体制比较》2018年第1期。

何思锦、杜晴、范从来:《供给侧结构性改革融资支持的政治经济学分析》,《贵州财经大学学报》2018年第3期。

何召鹏、卫兴华:《改革开放40年来中国特色社会主义几个经济理论的创新与发展》,《毛泽东邓小平理论研究》2018年第7期。

洪银兴:《培育新动能:供给侧结构性改革的升级版》,《经济科学》2018年第3期。

洪银兴:《资源配置效率和供给体系的高质量》,《江海学刊》2018年第5期。

洪银兴等:《"习近平新时代中国特色社会主义经济思想"笔谈》,《中国社会科学》2018年第9期。

侯鹏:《习近平经济发展新常态思想研究》,博士学位论文,东北师范大学,2018年。

胡鞍钢:《习近平经济思想与政策框架》,《经济理论探索》2018年第3期。

胡鞍钢、程文银:《中国社会主要矛盾转化与供给侧结构性改革》,《南京大学学报》2018年第1期。

胡鞍钢、周绍杰:《习近平新时代中国特色社会主义经济思想的发展背景、理论体系与重点领域》,《新疆师范大学学报》(哲学社会科学版)2019年第3期。

胡鞍钢、周绍杰、任皓:《供给侧结构性改革——适应和引领中国经济新常态》,《清华大学学报》(哲学社会科学版)2016年第2期。

胡敏:《70年来经济理论发展的中国特色》,《人民论坛》2019年第10期。

黄新华：《深化供给侧结构性改革：改什么、怎么改》，《人民论坛：学术前沿》2019年第10期。

黄新华、马万里：《引领经济高质量发展的供给侧结构性改革、目标、领域与路径》，《亚太经济》2019年第4期。

黄燕芬、张超：《深化供给侧结构性改革：基本内涵、重点任务核心对策》，《价格理论与实践》2017年第11期。

贾康：《供给侧改革及相关基本学理的认识框架》，《经济与管理研究》2018年第1期。

贾康、苏京春：《论供给侧改革》，《管理世界》2016年第3期。

贾微晓：《马克思生产理论与我国供给侧改革研究》，博士学位论文，苏州大学，2017年。

简新华、余江：《马克思主义经济学视角下的供求关系》，《马克思主义研究》2016年第4期。

李陈、屈艳：《供给侧结构性改革引领转变经济发展方式新举措》，《改革与战略》2017年第12期。

李翀：《论供给侧改革的理论依据和政策选择》，《经济社会体制比较》2016年第1期。

李刚、周加来：《中国经济体制改革的创新与反思（1978—2018）》，《经济问题》2018年第9期。

李铄：《供给侧改革与产业结构调整》，《统计与决策》2017年第8期。

李义平：《继续深化供给侧结构性改革的几点认识》，《财经科学》2017年第12期。

李月、王珊珊：《结构性改革的内涵辨析——指标体系与增长效应》，《改革》2018年第10期。

李智、原锦凤：《基于中国现实的供给侧改革方略》，《价格理论与实践》2015年第12期。

厉以宁等：《中国经济学70年：回顾与展望——庆祝新中国成立70周年笔谈》（下），《经济研究》2019年第10期。

刘凤义：《中国特色社会主义政治经济学原则与供给侧结构性改革指向》，《政治经济学评论》2016年第3期。

刘凤义、曲佳宝：《马克思主义政治经济学与西方经济学关于供求关系的比较——兼谈我国供给侧结构性改革》，《经济纵横》2019年第3期。

刘国辉：《剩余价值学说——唯物史观视域下的劳动价值论》，博士学位论文，黑龙江大学，2015年。

刘伟：《坚持新发展理念，推动现代化经济体系建设——学习习近平新时代中国特色社会主义思想关于新发展理念的体会》，《管理世界》2016年第12期。

刘伟：《经济新常态与供给侧结构性改革》，《管理世界》2016年第7期。

刘伟：《现代化经济体系是发展、改革、开放的有机统一》，《经济研究》2017年第12期。

刘伟：《建设现代化经济体系为什么要以供给侧结构性改革为主线》，《政治经济学评论》2018年第1期。

刘伟：《习近平新时代中国特色社会主义经济思想的内在逻辑》，《经济研究》2018年第5期。

刘伟：《新发展理念与现代化经济体系》，《政治经济学评论》2018年第7期。

刘伟、蔡志洲：《经济增长新常态与供给侧结构性改革》，《求是学刊》2016年第1期。

刘伟、蔡志洲：《完善国民收入分配结构与深化供给侧结构性改革》，《经济研究》2016年第8期。

刘元春：《供给侧结构性改革的政治经济学解读》，《光明日报》2016年7月28日。

刘元春：《推动供给侧结构性改革理论和实践创新》，《人民日报》2017年5月25日。

刘正才、李朝霞：《撒切尔夫人供给侧改革对当前我国经济改革的启示》,《经济研究导刊》2017 年第 10 期。

鲁保林:《"里根革命"与"撒切尔新政"的供给主义批判与反思——基于马克思经济学劳资关系视角》,《当代经济研究》2016 年第 6 期。

鲁品越:《"供给侧结构性改革"在思想和实践上的新贡献》,《马克思主义研究》2020 年第 2 期。

马晓河:《推进供给侧结构性改革若干问题思考》,《中国特色社会主义研究》2018 年第 1 期。

毛绎然:《新时代坚持和发展马克思主义政治经济学——访复旦大学经济学院洪远朋教授》,《马克思主义理论学科研究》2019 年第 12 期。

逄锦聚:《新中国 70 年经济学理论创新及其世界意义》,《当代世界与社会主义》2019 年第 8 期。

钱路波:《以"五大发展理念"引领供给侧结构性改革》,《湖南社会科学》2016 年第 3 期。

钱学锋、裴婷:《国内国际双循环新发展格局:理论逻辑与内生动力》,《重庆大学学报》(社会科学版) 2020 年第 9 期。

邱海平:《供给侧结构性改革必须坚持以马克思主义政治经济学为指导》,《政治经济学评论》2016 年第 3 期。

邱海平:《新发展理念的重大理论和实践价值——习近平新时代中国特色社会主义经济思想研究》,《政治经济学评论》2019 年第 11 期。

任红梅:《马克思供给需求理论视角下中国供给侧结构性改革研究》,博士学位论文,西北大学,2018 年。

任红梅:《马克思经济学与西方经济学供给需求理论的比较研究》,《西安财经学院学报》2016 年第 12 期。

任晓莉:《供给侧结构性改革背景下优化我国收入分配体制研究》,《中州学刊》2016 年第 3 期。

邵利敏、王建秀、阎俊爱:《社会总资本再生产理论与供给侧结构性改革——基于生产持续性视角》,《经济问题》2018 年第 9 期。

邵宇佳、王光:《新时代下中国供给管理的创新实践与理论贡献》,《当代经济管理》2020年第2期。

沈坤荣:《供给侧结构性改革是经济治理思路的重大调整》,《南京社会科学》2016年第2期。

苏京春、王琰:《里根经济学供给管理再研析:政策体系、实践效力与得失》,《经济研究参考》2019年第3期。

隋筱童:《刍议供给侧结构性改革的理论误区》,《改革与战略》2017年第1期。

孙大鹏、王玉霞:《供给侧管理的理论渊源与中国创新》,《财经问题研究》2016年第6期。

滕泰、刘哲:《供给侧改革的经济学逻辑——新供给主义经济学的理论探索》,《兰州大学学报》(社会科学版)2018年第1期。

田正、武鹏:《供给侧结构性改革的路径:日本的经验与启示》,《日本学刊》2019年第3期。

王朝明、张海浪:《供给侧结构性改革的理论基础:马克思价值理论与供给学派理论比较分析》,《当代经济研究》2018年第4期。

王东京:《供给侧结构性改革对经济学的创新性贡献》,《光明日报》2019年12月3日。

王晶雄:《供给侧结构性改革——贯彻"以人民为中心"发展思想的内在要求》,《理论导刊》2017年第4期。

王守义、罗丹、陆振豪:《供给侧结构性改革是中国特色社会主义政治经济学的重大理论创新》,《改革与战略》2017年第12期。

王晓慧:《中国经济高质量发展研究》,博士学位论文,吉林大学,2019年。

王亚丽:《运用马克思宏观经济均衡思想指导供给侧结构性改革》,《经济问题》2017年第5期。

王一鸣:《改革开放以来我国宏观经济政策的演进与创新》,《管理世界》2018年第3期。

魏旭:《唯物史观视域下"供给侧结构性改革"的理论逻辑》,《社会科学战线》2018 年第 4 期。

肖林：《中国特色社会主义政治经济学与供给侧结构性改革理论逻辑》，《科学发展》2016 年第 3 期。

肖巍：《作为发展问题的我国社会主要矛盾及其解决思路》，《思想理论教育》2018 年第 6 期。

谢地：《深化供给侧结构性改革是我国经济"强起来"的关键步骤》，《政治经济学评论》2018 年第 1 期。

徐诺金：《供给侧结构性改革的理论创新与实践推进》，《和讯网》2017 年 1 月 26 日。

许梦博、李世斌：《基于马克思社会再生产理论的供给侧结构性改革分析》，《当代经济研究》2016 年第 4 期。

许有伦：《价值理论三题——劳动价值论、商品价值论、剩余价值论》，《探索与争鸣》2008 年第 8 期。

闫永飞：《马克思劳动价值论的本质内涵和阶级意义》，《江汉论坛》2011 年第 9 期。

杨慧玲：《价值关系矛盾运动逻辑中的供给侧结构性改革》，《当代经济研究》2018 年第 11 期。

杨继国：《马克思的供求理论及其发展》，《中国人民大学中国经济改革与发展研究院会议论文集》2003 年第 10 期。

杨继国、朱东波：《马克思结构均衡理论与中国供给侧结构性改革》，《上海经济研究》2018 年第 1 期。

杨瑞龙：《中国特色社会主义经济理论的方法论与基本逻辑》，《政治经济学评论》2019 年第 11 期。

余斌：《供给侧结构性改革中的马克思主义政治经济学》，《河北经贸大学学报》2016 年第 9 期。

余乃忠：《供给侧结构性改革的政治经济学新方法》，《重庆大学学报》（社会科学版）2017 年第 5 期。

曾宪奎：《以供给侧结构性改革为主线促进现代化经济体系建设》，《当代经济管理》2020 年第 2 期。

张杰、金岳：《供给侧结构性改革下中国经济新动力形成机制、障碍与突破途径——基于生产率形成的逻辑视角》，《郑州大学学报》（哲学社会科学版）2016年第11期。

张俊山：《论马克思主义政治经济学在经济建设领域的应用》，《河北经贸大学学报》2016年第12期。

张俊山：《深刻把握"供给侧结构性改革"的科学内涵——基于马克思主义政治经济学视角的解读》，《当代经济研究》2019年第6期。

张开、顾梦佳、王声啸：《理解习近平新时代中国特色社会主义经济思想的六个维度》，《政治经济学评论》2019年第1期。

张雷声：《习近平供给侧结构性改革理论研究》，《毛泽东研究》2019年第11期。

张丽伟：《中国经济高质量发展方略与制度建设》，博士学位论文，中共中央党校，2019年。

张琦：《改革开放以来中国宏观经济理论与政策的演变》，《经济与管理研究》2019年第4期。

张小瑛、张俊山：《从国民经济有机体看供给侧结构性改革》，《当代经济研究》2018年第8期。

张旭：《从转变经济发展方式到供给侧结构性改革——中国经济战略的调整与实施》，《经济纵横》2017年第3期。

张瑀：《新常态下中国经济结构性改革研究——基于马克思主义社会经济结构理论视角》，博士学位论文，吉林大学，2017年。

张云：《从供给与结构两个角度解读"供给侧结构性改革"》，《政治经济学评论》2017年第3期。

张銎、李俊高：《重新审视马克思劳动价值论的内涵——基于对"劳动创造价值"命题论证中两个逻辑的学术批判与反思》，《改革与战略》2016年第7期。

张占斌：《准确把握习近平新时代中国特色社会主义经济思想》，《人民论坛》2019年第10期。

赵峰、李彬：《〈资本论〉、经济运行与新时代的政策选择》，《经济学家》2018 年第 3 期。

赵磊：《马克思主义政治经济学何以"实证"》，《政治经济学评论》2020 年第 1 期。

赵磊：《唯物史观何以"唯物"》，《社会科学研究》2019 年第 11 期。

赵宇：《供给侧结构性改革的科学内涵和实践要求》，《党的文献》2017 年第 2 期。

周琳娜、白雪秋：《以人民为中心的供给侧结构性改革——基于马克思主义政治经济学的人民视角》，《学术论坛》2019 年第 12 期。

周密、刘秉镰：《供给侧结构性改革为什么是必由之路——中国式产能过剩的经济学解释》，《经济研究》2017 年第 2 期。

周密、张伟静：《国外结构性改革研究新进展及其启示》，《经济学动态》2018 年第 5 期。

周密、朱俊丰、郭佳宏：《供给侧结构性改革的实施条件与动力机制研究》，《管理世界》2018 年第 3 期。

周廷勇：《严整而又不断丰富发展的理论体系——对习近平新时代中国特色社会主义思想理论体系的建构和构建的思考》，《重庆大学学报》（社会科学版）2019 年第 10 期。

周小亮：《供给侧结构性改革提升经济发展质量的理论思考》，《当代经济研究》2019 年第 4 期。

朱雪微：《习近平新时代中国特色社会主义思想的五重维度》，《河南大学学报》（社会科学版）2020 年第 2 期。

朱正清：《马克思的供求理论与价格理论》，《当代经济研究》1997 年第 3 期。